中國學術思想 研究輯刊

十八編

林慶彰 主編

第4冊

先秦儒家思想研究的再思考
——以「和」作爲詮釋進路之可行性及其義涵之開拓研究

陳靜容 著

花木蘭文化出版社

國家圖書館出版品預行編目資料

先秦儒家思想研究的再思考——以「和」作為詮釋進路之可行
性及其義涵之開拓研究／陳靜容 著 — 初版 — 新北市：花木
蘭文化出版社，2014〔民103〕
目 2+162 面；19×26 公分
（中國學術思想研究輯刊 十八編；第 4 冊）
ISBN：978-986-322-675-8（精裝）
1. 儒家　2. 先秦哲學
030.8　　　　　　　　　　　　　　　　103001972

中國學術思想研究輯刊
十八編　第 四 冊　　　　　　　ISBN：978-986-322-675-8

先秦儒家思想研究的再思考
——以「和」作爲詮釋進路之可行性及其義涵之開拓研究

作　　者　陳靜容
主　　編　林慶彰
總 編 輯　杜潔祥
副總編輯　楊嘉樂
編　　輯　許郁翎
出　　版　花木蘭文化出版社
社　　長　高小娟
聯絡地址　235 新北市中和區中安街七二號十三樓
　　　　　電話：02-2923-1455／傳眞：02-2923-1452
網　　址　http://www.huamulan.tw 信箱 hml 810518@gmail.com
印　　刷　普羅文化出版廣告事業
封面設計　劉開工作室
初　　版　2014 年 3 月
定　　價　十八編 16 冊（精裝）新台幣 28,000 元

先秦儒家思想研究的再思考
——以「和」作爲詮釋進路之可行性及其義涵之開拓研究

陳靜容　著

作者簡介

陳靜容，臺灣屏東縣人。國立東華大學中文博士，於先秦、魏晉思想用功頗深。曾於東華大學、慈濟技術學院、高雄大學、高雄第一應用大學、屏東科技大學、文藻外語學院等校擔任兼任教師。著有：(《原始儒家「無為而治」思想發展譜系及其中心意義重構》)、(六朝文學觀念中「身體」所具「詮釋性向」之考察)、(「觀看自我」的藝術——試論魏晉時人「身體思維」的釋放與轉向) 等多篇學術論文。

提　要

　　先秦儒家的思想、文學，不管是置於中國文學史或思想史的討論，皆具有舉足輕重的地位。本文乃在傳統先秦儒家思想研究的領域中，選擇以「和」作為討論對象，論述以「和」作為儒家思想詮釋進路的可行性及其義涵之開拓研究。

　　本論文除了由時代因素及文化環境影響所致，儒家諸子面對「不和」而欲致「和」的歷史經驗事實來進行推論外，尚以孔、孟實際論及「和」的典籍篇章參與討論，藉孔、孟思想中「和」觀的顯題化，進一步昭示以「和」作為儒家思想詮釋進路之可能；續以「天人關係」為外緣考察進路，建構儒家禮論、樂論中「和」的內外次第關係及衍化現象，由此建構以「和」為主的思想軌跡考察，揭櫫「和」於儒家思想中所扮演的角色與意義。

目

次

第一章　緒　論

第一節　研究動機與前人研究概況

　　先秦儒家的思想、文學，不管是置於中國文學史或思想史的討論，皆具有舉足輕重的地位。這除了是因爲儒家思想、文學對後世所產生的深遠影響，更加上由此所導引出一連串的儒家式價值判斷，統攝爲一以「德」爲主、以「人」爲主的生命價值批評。此生命價值批評是具有衍外意義的，透過儒家獨特之文學、思想氛圍的集結，進而在不同朝代所屬的文學、思想評論中產生作用，故本文乃在傳統先秦儒家思想研究的領域中，選擇以「和」作爲討論對象，論述以「和」作爲儒家思想詮釋進路的可行性及其義涵之開拓，希冀可以提供儒家「和」義涵更大的討論空間及不同的理解面向。本論文研究動機簡述如下：

　　首先，就一概念義涵的生成與轉折而言，「和」義涵並非在儒家思想中「無中生有」而成。實際上，在孔子之前的周太史史伯與齊國大夫晏嬰等所提出的「和同論」，就以「和」爲中心義涵進行探討，明白揭示「和」之高度辯證融合的生命力；而後，「和」在儒家禮、樂內涵與效用上產生了極大的影響效應，此可由《禮記・樂記》或荀子之〈樂論〉一窺究竟。亦即，「和」義涵的發展及內涵的建構在孔子之前已具有基本規模；然孔、孟對「和」義涵的詮說並未多加著墨，反而是到了儒家中、後期，荀子及〈樂記〉中的論述才開始標舉「和」的獨特性及影響力。以思想概念前承後繼的特性論之，孔子之前既有「和」義涵的討論，孔子之後的荀子與〈樂記〉更以「和」爲實際應

用批評的對象，則在孔、孟所處的階段，「和」義涵是否眞的沒有討論或發展的空間呢？筆者私意以爲：孔、孟的學說中雖甚少直接提及「和」，然並不表示在孔、孟的觀念與認知中，「和」就沒有進一步討論的價值，因爲孔子「中庸」思想的倡設，其中有一部分觀念即來自於對前代「和」義涵的承繼，若要說孔、孟的觀念中無「和」，絕對不符合文學、思想發展的一貫脈絡，然若眞要指出「和」義涵於此階段確實入於儒家思想中並產生作用，則其又以如何之身段展現？對儒家思想內涵又產生如何之影響與效應？

再者，就儒家思想內涵的創構而論。在儒家思想建立之初，孔子所面對的社會、文化環境，是承接自周末以來禮崩樂壞的局面，一如牟宗三所言：

> 周文在周朝時粲然完備，所以孔子說「郁郁乎文哉，吾從周」。可是周文發展到春秋時代，漸漸的失效。這套西周三百年的典章制度，這套禮樂，到春秋的時候就出問題了……我叫它做「周文疲弊」。諸子的思想出現就是爲了應付這個問題。〔註1〕

周文疲弊不僅僅使得禮崩樂壞，間接亦摧毀了原本嚴整的社會秩序架構。孔子面對大環境的混亂、崩解，首要目標即是秩序的重建，重建混亂的理序如何可能？儒家思想由涵養個人的「修身」出發，透過「德」之對治，進而推擴爲「齊家」、「治國」、「平天下」等秩序的重構；然細究整個大環境的崩壞，禮樂、刑政、社會秩序等皆因混亂而呈現出失序的狀態，此「不和」的衝擊入於孔子的思想中，透過主體意志的轉化，乃呈現爲一股企圖扭轉「不和」爲「和」的動力，發顯於孔子所一手建構的儒家思想體系中，持續於儒家思想主張中發酵，並產生深遠的影響效應。

因此，單就「和」概念的生成與義涵轉折而論，在歷史、文學、思想的發展脈絡中，單一概念雖有可能在特定的思想體系中因意義有所相悖而遭排擠或淘汰；然以「和」觀之，孔子之前既有史伯、晏嬰之「和」義涵的辯證討論，孔子之後亦大量出現「和」應用於禮、樂中的例子，就一概念義涵演變的合理性來進行觀察，孔、孟沒有理由排拒「和」於儒家思想門外；且儒家思想整體氛圍的走向，講求的亦是「適均」、「和諧」、「圓滿」的美感；就文化環境的重建與孔子所面對的時代課題來說，「和」亦是當時代最迫切的需求。準此，本文嘗試進行以「和」作爲詮釋進路之可行性及其於儒家思想中義涵之開拓研究。

〔註 1〕 參牟宗三著：《中國哲學十九講》（臺北：學生書局，1999 年），頁 60。

　　歷來對於「和」義涵的關注，多將重點置於史伯、晏嬰的「和同」論，強調的是「由雜取和」、「和實生物，同則不繼」的概念；進入到儒家思想體系中，又多置於〈樂記〉中以「和」爲音樂之效用來進行詮釋；也就是說，儒家思想中「和」義涵的建構時至今日，仍未有一明確的角色定位及義涵界定，也未有專以「和」爲論述對象來對儒家思想體系進行詮釋的著作出現，然這並不表示研究學者對此議題的不重視；相反的，有許多研究著作雖未以「和」作爲研究對象及論述主體，然卻在論述過程中，揭示「和」義涵不同面向的意義，如：顏崑陽〈論先秦儒家美學的中心觀念與衍生意義〉〔註2〕，即是從儒家美學理據的角度賦予「和」以「存有秩序美」的義涵，此種論述模式首度以「美」的定位，連結了「和」與儒家思想體系間的關聯，並肯定「和」之「超越」意義的可能；而湯一介之〈中國哲學中和諧觀念的意義〉〔註3〕，則在「和」義涵的不同層級上，討論中國哲學系統內的「和諧」觀，雖然儒家之「和」非爲論述重點，然亦間接揭示了「和」義涵在中國哲學上的效用，使得「和」成爲一個哲學史上值得討論的議題。除此之外，大陸學者董根洪之著作：《儒家中和哲學通論》〔註4〕，雖然是以「中和」之整體概念來與儒家思想作對應，卻也肯定「中」、「和」分別進行論述的可能。

　　現今學界常見關於「和」議題的論述，絕大部分所採取的進路皆是「中」、「和」通論，所呈現的是儒家追求「中庸」、「中道」的一面。「中庸」或「中和」的討論，在儒家思想研究領域中已行之有年，亦有相當的研究成果；然筆者以爲，「和」義涵的揭示與標舉，並無損於「中」或「中和」哲學在儒家思想中的地位，且本論文之用意亦不在「倡和貶中」，只是嘗試提出一個可供討論的研究進路，由歷史經驗本身去尋求「和」發生的可能及發展的軌跡，呈現儒家思想詮釋的不同向度。

　　對於儒家之「和」的直接關注，近年來已有不少大陸學者著手研究，如陳增輝：〈孔子「和」的哲學與世界文明發展〉一文，即直接強調：「孔子最

〔註2〕　參顏崑陽著：〈論先秦儒家美學的中心觀念與衍生意義〉，收入於淡江大學中國文學研究所主編：《文學與美學》第三冊（臺北：文史哲出版社，1992年），頁405－440。

〔註3〕　參湯一介著：〈中國哲學中和諧觀念的意義〉，收入於《哲學與文化》23卷第二期，1996年2月。

〔註4〕　參董根洪著：《儒家中和哲學通論》（濟南：齊魯書社出版，2001年）。

高的思想境界是『和』」〔註5〕。可惜的是，此文雖然標舉出「和」於理解儒家或孔子思想時的重要性，卻也忽略了「和」可能衍申的不同層級意義，及其在儒家思想中所產生的不同效應。另外臧克和從文字學的角度來詮解儒家思想，在論述中直接視「和」爲儒家美學理念之發生，亦是關於「和」義涵討論的全新理解進路。〔註6〕這些論著對儒家「和」議題的研究來說，著實開啓了研究的嶄新契機，而這當中最值得注意的，即是張國慶所撰：〈美學史上的兩種「中和」之美〉〔註7〕，將「中和之美」區分爲：作爲「普遍藝術和諧觀的中和之美」，及作爲「特定藝術風格論的中和之美」。張國慶的說法引起諸多的討論，因爲他嘗試在「中和之美」的基礎上，分別儒家樂論中以〈樂記〉爲代表的音樂普適之美，及專以詩教爲主的「溫柔敦厚」之美；然要如何適切地分別所謂「普適」與「特定」的範圍，即是一個研究上的難題；再從其著作的論述脈絡上言，雖言「中和之美」，然整體上所談論的仍是「和」之美與儒家思想的關聯，故對「和」議題研究的提倡與標舉，著實有不可忽略之處。

　　由以上的研究成果檢討，已可見現今學界對「和」的認識與研究概況。「和」逐漸擺落「中和」而成爲獨立被研究對象的趨勢，同時也顯現了儒家「和」義涵具有獨立意義可供研究的事實；另外在研究方法上，則朝向更多元的研究面向發展，除了承認「和」與儒家美學間相即不離的關聯性之外，不管是社會學、文字學、美學或思想詮說的角度皆有論著觸及，顯見儒家「和」義涵的討論，已引起許多學者的注意，頗有進行討論的價值與再詮說的空間。

〔註5〕　參陳增輝著：〈孔子「和」的哲學與世界文明發展〉，收入於潘富恩等主編：《孔子思想研究》（上海：上海古籍出版社，1999年），頁58。

〔註6〕　參臧克和著：《中國文字與儒學思想》（南寧：廣西教育出版社，1999年），頁172－193。

〔註7〕　參張國慶撰：〈美學史上的兩種中和之美〉，見於氏著：《儒道美學與文化》（北京：中國社會科學出版社，2002年），頁1－22。張國慶其他關於此議題的著作尚有：〈論中和之美的哲學基礎〉，收入於《中國哲學研究》第4期（1986年）；〈論中和之美〉，收入於《文藝研究》第3期（1988年）；〈中和之美的幾種常見表現形式〉，收入於《文藝研究》第4期（1992年）；《中國古代美學要題新論》（北京：中國社會科學出版社，1994年）；《中和之美──普遍藝術和諧觀與特定藝術風格論》（成都：巴蜀書社，1995年）。

第二節　資料處理與撰述的內容、程序

　　本文欲討論儒家思想研究中，以「和」作為詮釋進路之可行性，及以「和」為論述焦點的義涵開拓研究。既然涉及「和」的討論，則必然要對「中和」哲學與儒家「中庸」思想作一番交代。「和」論題在進行討論之時，雖有生發、推擴的時間序列發展問題，置於「思想史」範疇中進行研究，亦必須凸顯「史」的歷時性作用，然由於「和」在儒家思想中的討論，重點並不在「和」義涵的生發過程，而是於儒家思想中具體運用的討論，於是本文不以時間先後的因素來對「和」進行理解，改以標題式的「和」義涵提舉進行討論；再者，歷來詮解儒家思想中「和」義涵的作法，多以「中和」、「中庸」兼涉之，忽略「和」所可能開展的個別義涵，因此若要凸顯「和」的個別意義，則勢必要明白「和」在「中和」、「中庸」裡的定位為何，也就是在歷來的說法中為「和」尋求一個適切的位置，待定位確立之後，再進一步由孔、孟、荀等諸子說法入手，透過孔、孟、荀直接論及「和」，或未論及「和」而實質上仍具有「和」義涵的文獻資料上抽絲剝繭。是故，本文研究時以孔、孟、荀思想為首要；在研究材料的擇定，則以《論語》、《孟子》為最重要的考察對象，輔以《易》之宇宙觀及《禮記・樂記》、《荀子・樂論》之儒家樂論的討論；至於對《中庸》的理解，重點則置於「和」義涵定位的解析上，而非形上義涵的指涉詮說。

　　「中和」哲學之核心地位形成於先秦儒家之「中和」思想，並因其內在的特有功能，在中國哲學上自有其一貫理解脈絡，且在文學或思想的研究領域中皆產生了巨大的效應；而若單以先秦儒家思想來說，其思想內部對於「中和」的表現則主要來自於「中庸」之道的符應，故由「中和」與「中庸」在思想上的效用檢視可發現，所謂「中和」哲學是一門關於「中和」議題的歷時性研究，包括「中和」的本體論述、形上論述，或是以氣性來論「中和」等，皆可於不同時代的研究風氣中探見端倪，然儒家思想中關於「中和」的闡發，還是來自於儒家的「中庸」思想。

　　儒家的「中庸」思想講求的雖是行「中道」的要求，然其思想大旨大體上還是成全於「中」與「和」的個別義與互成義上。因為就思想源頭的追索看來，「中」與「和」不但自有其義涵脈絡，真正進入到儒家諸子的思想體系中產生作用，亦一直要到荀子才有「中和」並提的實際應用；然在此之前，孔、孟的論述中早已運用「和」的概念作出道德或人物的實際批評，且在孔

子之前，史伯、晏嬰就已針對「和」論題作出相當精闢的論述，加上早期的儒家經典《尚書》中對「和」亦多有提及，這些討論歸結為「和」之「前導性義涵」，並對孔子之後的儒家思想產生影響，故或可由此推斷，孔、孟的思想中並非只有「中和」義涵的存在，「和」義涵早就在儒家思想中產生影響與效應，而就一歷史經驗事實來進行判斷，以「和」作為儒家思想詮釋進路是為可能。

再者，除了由歷史經驗事實來進行推論之外，再以孔、孟實際論及「和」的典籍篇章參與討論，並考察孔、孟所處時代環境，探討當時社會、文化環境崩壞所可能帶給孔、孟的刺激，以明由外在環境的混亂所引發孔、孟思想中對「和」的自然需求。在孔、孟思想的文獻紀錄中，直接討論「和」的篇章並不多，故以這些篇章並置來呈現出一對應現象，探究這些篇章中「和」義涵之所指，順勢揭示孔、孟思想中的「和」觀。孔、孟之「和」，因其思想之內容訴求有所偏重的緣故，故一直呈現隱而不顯的現象，透過由隱而顯的概念昭示，將可更加清楚地涉入孔、孟的「和」觀中，進行義涵上的開拓與建構。藉著孔、孟思想中「和」觀的昭示，亦將更進一步提高以「和」作為儒家思想詮釋進路之可能。

確立了孔、孟思想中的「和」觀，則進一步以儒家思想中「和」的呈現與開顯為考察重點，觀察「和」在儒家思想中是以如何之身段展現，故以「天人關係」為外緣考察進路，進行兩種方向的討論：首先是《周易·繫辭》中的「保合大和」說法。「太和」的觀念對於《易》的理解而言，是相當重要的一個環節，透過「太和」與「中」分別「各正性命」的不同領域發展，揭示「和」之動態、活潑潑的生命力，與「中」之靜態原則相較，則自然呈顯出「中」與「和」之內在本質的差異；且「太和」的觀念若確實落實於人事，則適切地扮演起天人間的溝通橋樑，顯明人與自然、萬物間之至和。再者，「天人之和」從何得知呢？必由「樂感」入手，透過音樂之「感」，可由「百獸率舞」而見天人關係之相和無間，亦足以呈顯樂論在儒家思想中所具之特殊地位，由此進一步討論儒家禮論、樂論中「和」的內外次第關係衍化現象，並建構以「和」為主的思想軌跡考察，揭示「和」由「前導性義涵」到進入儒家思想後的一貫理路脈絡。

整體而言，「和」以其微妙的角色於儒家禮論、樂論中產生效用。首先是以一質素的角色入於禮論、樂論之中，具體反映為禮節儀文的穩重、莊嚴，

及透過「雅樂」演奏時緩慢、協調的節拍所展現之中正和平的氣氛；「和」以一質素的作用入於禮、樂之中，經過禮、樂的轉化，又以一「境界」意義行風行草偃之效，這呈現的是「和」入於內而出於外的衍外效應，對社會秩序的建構維持、人之心性皆有陶冶之功。再就儒家樂論而言，當一套禮、樂的理論被寫定，則禮論、樂論對接收的主體來說乃具有相對的客觀性，特別是儒家樂論中，往往藉由音樂的質性與特質投射出儒家思想中完美的聖人形象格局。另就主體的自我養成來說，以「和」成德的觀念隱涵於相對客觀的樂論中，透過樂論所呈顯的聖人格局觀照，進一步以「由外往內」的進路，經由樂論所呈現的客觀理論反身入於主體心性中，達成由外往內的主體境界薰陶。因此整體來說，「和」在儒家思想中義涵的呈現，除了「天人關係」的外緣涉入，尚包括集結於儒家禮論、樂論的內外次第化成關係，而經由此關係的揭示，乃可更加清楚地呈現「和」由「前導性義涵」到進入儒家思想範疇中的意義深化與發展，進而建構出以「和」義涵爲限定觀點的思想軌跡考察，包括「和」概念內涵的起承轉合，及藉由「和」在儒家思想範疇中所扮演的兩種不同角色，所連帶開展的最大效用與影響。

　　建構出「和」義涵的發展軌跡之後，等於間接明揭「和」於儒家思想中所扮演的角色與意義，此時則須針對《論語》中的篇章來作實際批評及以「和」爲主的意境縮合。首先是根據《論語》或其他文獻來進行檢視、驗證，特別是《論語・先進》之「侍坐」章，及孔子自言進德序列之最高境界「從心所欲不踰矩」，再如「志道、據德、依仁、游藝」中之「游」境，皆可由字裡行間體現儒家從容之「和」境；再者，由「和」所扮演的「引線」角色，究竟在這些篇章中產生如何之效應？又在儒家的思想精神中勾勒出怎樣的生命圖像呢？透過「適得其性」、「各安其所」的討論，及儒家生命氣象具現的描繪，或可有更清楚地呈現。

　　至於文後總結之結論，一方面將以統整方式呈現「和」義涵之所由生的基源問題討論，另一方面則進行辯證儒家「和」義涵與「和」之「前導性義涵」的意義上的承繼與深化關係。此外，「和」義涵之確立在儒家思想中所代表的意義，也將於文後進行歸結、揭示，並由此延展出數個以「和」爲基點之文學、思想、批評上的議題，透過這些議題的提出，或可提供日後關於「和」義涵繹述更多的思考面向及討論空間。

　　除了研究方法、進路之外，在資料的檢擇上，由於本文將研究對象之時

序限定於「先秦」，故大體以先秦典籍爲主要討論、徵引對象，特別是對《論語》的討論，在本文論述中扮演相當重要的角色，相對的，《論語》註解的地位亦顯得重要。根據錢穆的說法：「論語注有三部可讀：一是魏何晏集解；一是宋朱熹集注；一是清劉寶楠正義。」〔註8〕這也是現今一般詮說《論語》時的普遍認知，而在注解的優劣上，錢穆又言：

> 朱注之所以爲善言義理者，則在其凡遇論語所及實人實事，其中所涵義理，朱子最能闡發得細膩而熨貼。……朱注對論語所牽涉到的實人實事，也有些處考據不及清儒之細密，因此其所闡發的內涵義理也便不免有差失。但清儒說論語，究竟太求在考據上見長，而忽略了論語文本中所涵之義理。因此讀清儒說論語，乃只見有考據，不見有義理……。〔註9〕

有鑑於此，在義理之闡發上，本文多以朱注爲要，輔以距離孔子時代較近的何晏《集解》；而涉及一文多意時，則參照劉寶楠《正義》的說法，擇選最符合當時代想法、最迫近原意的闡解。宋明儒者對《論語》的詮說，雖然成於距孔子後之數百年，然宋明理學家皆以儒者自任，在儒家思想的大原則下，透過理學的觀點對《論語》進行詮說，有時反而更能逼近《論語》原意。再如王夫之等對《論語》的詮釋，在朱注的基礎上或辯證或贊同，皆更加廓清《論語》義涵的大要。

　　至於本文論述的位階，由於目前對儒家「和」義涵的論述，大體仍涵括在「中和」、「中庸」的整體範疇之中，本文既欲在此基礎上，重新標舉「和」作爲理解儒家思想的進路，則有時不免須將論述位階置於一「批評的再批評」詮說角度上，故除了對先秦典籍重新檢討的直接批評外，尚包括近代學者論著之再批評，方能清楚展現以「和」爲詮釋進路的儒家思想理解架構。也就因爲如此，本文意欲達成的研究成果，並非在否定以「中和」爲詮釋進路的儒家思想理解模式，而是重新考慮「和」義涵在儒家思想理路中的重要性，思考儒家思想中以「和」爲考察對象及詮釋進路的無限可能。

〔註8〕參錢穆：《孔子與論語》（臺北：聯經出版事業公司，1994年），頁2。
〔註9〕參錢穆：《孔子與論語》，頁51。

第二章　儒家「中和」哲學的一脈思考

　　儒學是一個完整的思想體系，而其思想體系的中心內容，又以「中和」哲學爲基礎展開，並間接影響漢唐以「陰陽」觀念、宋明以「心性」論點涉入所發展出來一連串對於「中和」的討論。漢唐與宋明所發展的「中和」哲學，雖然因其時代性之不同而立說有所差異，然大體上仍屬於儒家「中和」哲學一脈之延展，故可見得以儒家思想爲主的「中和」哲學，影響中國思想內容之深遠，絕非僅止於先秦儒家一代而已矣！

　　再言「中庸」，「中庸」之德是孔子思想中相當重要的一環，順勢涵融在儒家的「中和」哲學體系中。孔子之所以倡設「中庸」之德，是繼承前代有關「中」、「和」的說法再加以整合、開創，故言「中庸」之終極目的乃在「用中致和」，而「中庸」的思想亦圍繞著「中」、「和」的個別或互成義涵而展開。王甦於《孔學抉微》中有言：

> 中道思想之價值，首在其精神之諧和。使在靜時保持未發之中，動
> 時保持發而中節之和。於其精神活動時，務求適時適度，無過不及。
> 〔註1〕

鄭玄則於《三禮目錄》中言：「名曰中庸者，以其記中和之爲用也。」〔註2〕。再者，宋儒往往以「中庸」、「中和」並言，謂「以性情言之，則曰中和；以

〔註1〕　王甦有言：「中道思想即是中庸思想。……自是孔子思想之眞血脈。」參王甦著：《孔學抉微》（臺北：黎明事業有限公司出版，1978年），頁1、6。
〔註2〕　參（漢）鄭玄注，（唐）孔穎達疏：《禮記注疏》（臺北：藝文印書館，重刊宋本十三經注疏，2001年），頁879。

德行言之,則曰中庸。」〔註3〕由此可知儒家「中庸」思想仍以「中」爲體、以「和」爲用爲主調。在此基點上,乃欲以儒家「中和」哲學之最大外延概念爲界限,進行討論儒家「中和」與「中庸」概念在中國哲學中所產生的效應,以明不管是「中和」或「中庸」的實質內涵,皆圍繞著「中」、「和」一組概念而衍化,再由此進而討論「中」、「和」概念的個別義與互成義在不同模式下所可能產生的不同理解進路,作爲討論以「和」爲儒家思想詮釋進路如何可能問題之討論基礎。必須說明的是,本文此處所謂「中和」與「中庸」,指的乃是思想史上歷時的「中和哲學」;而「中庸」,則直指先秦儒家的「中庸之道」,故並非單是侷限於以文本《中庸》爲主的思想內容考察。唯有確定「和」在「中和」與「中庸」思想中的角色定位,方得以進一步商榷儒家諸子思想中之「和」觀的共同性與差異性。歷來詮說儒家思想的研究成果中,研究者多自然而然提舉「中和」與「中庸」的整體概念作爲思考的進點,忽略了「中」或「和」的個別義涵在思想詮釋過程中可能引發的效應,故本文亟欲深入「中和」與「中庸」的義涵核心,進一步探究「和」在先秦儒家思想領域中的定位,並討論由此開出以「和」爲主的儒家思想詮釋進路之可能。若以「中和」或「中庸」爲進路進行儒家思想的詮釋,可預見的是「以大觀大」的理解模式,因爲「中和」與「中庸」本身即兼容並蓄諸多義涵於其中;而以「和」作爲理解儒家思想的跳板,則是「以小觀大」的研究方法,雖不若「中和」、「中庸」之宏觀,卻更易在思想細微處進行抽絲剝繭、鉅細靡遺的釐清工夫。更重要的是,隨著文獻資料的抽絲剝繭,足以重新構築出「和」在儒家思想中的義涵風貌,及其在儒家思想之後所引發之美學、文學批評效應。

第一節 「中和」與「中庸」在思想上的效用檢視

「中和」哲學在中國思想的研究上來說,佔有舉足輕重的地位,而「中和」的並提,最初始是來自於《管子》與《荀子》的一般論述中,《管子・正第》中有言:「中和慎敬,能日新乎!」〔註4〕首將「中和」的觀念與「慎敬」之道德意識結合,此時「中和」代表的是一種修養工夫,是使人之所以能「日

〔註3〕 參(宋)朱熹著:《四書章句集注》(濟南:齊魯書社,1996年),頁3。
〔註4〕 參(唐)尹知章注:《管子校正》(臺北:世界書局,1990年),頁254。

新」的道德依據；到了荀子，曾於其著作中四次提及「中和」。首先是〈王制〉中有云：

> 故公平者，職之衡也；中和者，聽之繩也。〔註5〕

將「公平」與「中和」並提為「衡」、「繩」的效用，唐楊倞注曰：「衡所以知輕重，繩索所以辨曲直；言君子用公平中和之道，故能百事無過。中和，謂寬猛得中也。」〔註6〕由此可知此處之「中和」，意義上仍大抵偏向政治範疇的聽辨原則。再者，是〈樂論〉中所謂：

> 故樂者，天下之大齊也，中和之紀也。〔註7〕

荀子將「樂」提高到了一「標準」、「準則」的地位，而「樂」之綱紀作用之所以可能，主要即來自於「中和」的本質，故可行風行草偃之效。可與此章互為發凡的尚有荀子在談論到《樂》之內容與效用時，也曾提及：「《樂》之中和也。」〔註8〕最後是〈至士〉篇中所言：

> 恭敬以先之，政之始也，然後中和察斷以輔之，政之隆也。〔註9〕

在此則說法中，「中和」又成為政治隆盛的進路之一，具有方法論的義涵存在。由管子及荀子的說法中可歸納出「中和」最初始的幾種義涵指涉：一是道德養成的修養工夫；二是佐理政治之進路；三則為其指標性義涵，成為政治或音樂本質中的指標意義。在這幾種「中和」義涵中，多是屬於「即事」、「即物」、「即人」方法論上的直接論定，若要強調「中和」的具體效用，須待《中庸》由形上本體論來討論「中和」，方賦予「中和」義涵形上的思考進路與空間。

自《中庸》將「中」、「和」的觀念提升至形上的哲學地位來看待，則開啟了後世許多關於「中和」或「中」與「和」觀念的討論，如漢代有董仲舒、揚雄、王充等的宇宙氣化陰陽中和研究，雖然與儒家中和原始義涵有所出入，然其內容肯定史伯、晏嬰所提出「和實生物」的辯證生命力；到了宋明以心、性為主的中和哲學討論，攸關「中和」概念的範疇界定與意義詮釋更是眾聲喧嘩。由此可證，儒家一脈之「中和」理念，已衍化為中國思想上的一貫思考脈絡，具有歷時性的影響力，而其討論範圍不離「中」與「和」的義界詮說，及以「中」、「和」為主的修養進路走向。

〔註5〕參梁啟雄著：《荀子簡釋》（臺北：木鐸出版社，1988年），頁101。
〔註6〕同前註。
〔註7〕同前註，頁279。
〔註8〕同前註，頁8。
〔註9〕同前註，頁186。

　　既然儒家「中和」的整體觀念在管子、荀子的理解脈絡中，尚未提升至形上的本體論，故必須以「即」之工夫來落實「中和」之用，則亦意味在《中庸》揭示形上之「中和」義涵之前，儒家思想中之「中和」哲學仍以「中庸」之德爲主導。孔子所認知、創設的「中庸之道」，是繼承前代文獻、思想、文化的結果。而不管是來自《尚書》或《詩經》等經典的承繼，不可否認的，皆必符合「尚中」、「尚和」的思想內容。以「中」而論，孔子的思想主要承繼自：（1）堯舜禹相授相受的「允執厥中」思想；（2）六經中的「中和」思想片段。而再就「和」言之，孔子之前的史料記載如：（1）《尚書》中除「和」之外，「協」、「庸」、「諧」、「燮」等皆表和諧協調之意，故《爾雅・釋詁》亦言：「諧、輯、協，和也；關關、噰噰，音聲和也；燀、燮，和也。」；（2）「神人以和」、「協和萬邦」、「燮和天下」的論述已高度重視「和」在政治理想中的作用與地位；（3）《尚書・周書》中「克敬于和」的觀念，將「和」賦予「敬」的道德實現義涵；（4）兩周之際政治家、思想家的「和」觀。〔註10〕透過前代文獻有關「中」、「和」個別義或互成義的構設，方得以成就儒家或孔子所謂「中庸之道」的生命哲學。

　　整體來說，在儒家中和哲學的一脈思考下，「中和」較「中庸」具有更大的衍外意義，其衍外意義表現於歷時的文化思想現象中，因此單就先秦儒家思想而言，「中和」哲學可能渾融「中庸」概念於一爐，然「中庸」思想卻無法完整指涉儒家的中和哲學，因爲儒家的「中和」哲學已不僅僅在追求儒家思想內部精神的展現，它必須包含一推擴的動力，透過無數辯證的過程，推衍儒家之「中和」概念成爲一可大可久、足以行之久遠的生命哲學。漢唐的陰陽五行氣息，及宋明心性論理解進路的涉入，皆賦予儒家中和哲學更鮮明的性格、更豐富的血肉；而反觀「中庸」思想，在儒家獨特人文精神的浸潤下，重點不在追求學說或思想的歷時性表現，其內涵精神反較傾向於儒家生命氣象的究極展現。當然，在孔、孟的認知中，「中庸」代表的仍是一套進德、修養的工夫歷程，然透過「中庸」之「用」所顯「中庸」之「體」，在「即用顯體」的本質意義揭示下，「中庸」思想反而可視爲儒家在政治、倫理、人道上所追求圓滿境界的呈現。

〔註10〕 以上分別參（漢）孔安國傳，（唐）孔穎達疏：《尚書正義》（臺北：藝文印書館，重刊宋本十三經注疏，2001年）；（晉）郭璞注，（宋）邢昺疏：《爾雅注疏》（臺北：藝文印書館，重刊宋本十三經注疏，2001年）；董根洪著：《儒家中和哲學通論》（濟南：齊魯書社，2001年）。

　　由前文的討論可知，儒家思想中「中和」與「中庸」概念並非全然等同的關係，而有外延意義大小的差別。然在進行儒家思想的研究時，如果單獨討論「中和」而忽略「中庸」，則勢必無法得見儒家思想精神最精邃之處，因為「中庸」之「德」，乃是成就儒家究竟中和哲學的必要因素；反之，如果只論「中庸」思想而旁落「中和」概念，則相對無法顯見儒家思想的延展性及其推擴的生命力。不過值得注意的是，雖然「中和」與「中庸」有著外延意義大小的差別，然就其義涵內部結構而言，卻有著「中」與「和」等質素所產生的共同作用。也就是說，「中和」哲學就其本質意義而言，原本就是「中」、「和」概念的個別呈現或互成的結果，而孔子所倡設的「中庸」思想，亦是承繼前代文獻思想中「尚中」、「尚和」的觀念而成，因此「中」與「和」的概念在儒家中和哲學的一脈思考中，反而扮演著「中和」與「中庸」的內在共同質素角色，成為理解儒家思想的面向與進路。

第二節　「中」、「和」概念的個別義與互成義

　　「中」與「和」既然為「中和」、「中庸」思想間的共同質素，並在此二者的思想內容中產生作用，則亦間接表示「中」與「和」在先秦儒家思想的研究與理解中，是兩條極重要的思考線索。所謂「中」、「和」的個別義，即是透過最基本的字源追索及字源聯繫，所進一步呈現專屬於「中」或「和」的個別意義，在這些意義的理解中，不必要涉入「中和」的整體概念來進行詮說，因為「中」、「和」個別意義的出現，原本就不是為了「中和」哲學的完成而作準備；相反的，「中和」哲學的完成，是經由「中」、「和」個別意義詮發後所產生意義上的聯繫來進行理論系統的架構。在儒家思想中，「中庸」即受納「中」、「和」的個別義而導引出二者的互成義，進而建構出專屬於儒家的「中庸」思想，為儒家一脈之「中和」哲學的成全作準備。

　　以字源來嘗試討論「和」的個別意義，許慎《說文解字》曰：「相應也，從口禾聲。」〔註11〕顯然，此處是以「唱和」之義來對「和」字作詮解。於是進一步追索「禾」字之字源，乃得「盉」、「龢」二字。許慎曰：「龢，調也。

〔註11〕參（漢）許慎著，（清）段玉裁注：《說文解字注》（臺北：黎明文化事業公司，1996年），頁57。

從龠禾聲，讀與和同。」〔註 12〕又關於「盉」，其曰：「盉，調味也。從皿禾聲。」段玉裁注則進一步說明：「調聲曰龢，調味曰盉。今則和行而龢、盉皆廢矣。」〔註 13〕可知「禾」之字源聯繫，皆有「調和」之義，而不管是調聲或調味，乃逐漸以「和」的「調和」義來統攝。由此可以進一步推測，「和」的先行概念中，是以「調和」爲其本質義，附以「連結」、「協調」、「適均」等動詞結構義，而以「中和」、「太和」或「和諧」等狀態爲其狀態義。

衍「禾」之聲，可以尋找眾多的字源聯繫，以「禾」來說，《說文解字》：

> 禾：嘉穀也。二月始生，八月而熟，得之中和，故謂之禾。禾，木也。木王而生，金王而死。從木象其穗。〔註 14〕

《說文解字》中對「禾」的訓解，雖然沾染了濃厚的五行觀念，然仍足見「禾」之於「農」、之於「食」的關聯，故從「禾」之字多與此有關，如：稷、稻、黍……等。王念孫《廣雅疏證》中之〈釋草〉有言：「粱、黍、稻，其穗謂之禾。」〔註 15〕就「禾」之爲「嘉穀」之意來說，粱、黍、稻等與之並爲農物之一，作爲炊煮飲食之用。

而與飲食有關者，尚有從禾而歸於「皿」之「盉」，《說文》將其歸於「調味」之器，然王國維則有不同的看法，其言：

> 余謂盉者，蓋和水於酒之器，所以節酒之厚薄者也。……盉之爲用，在受尊中之酒與玄酒而和之，而注之于爵。故端氏銅禁所列諸酒器中有是物，若以爲調味之器，則失之遠矣。〔註 16〕

王國維徵諸銘文，闡明「盉」之爲「調酒」之器，不若許慎所言爲「調味」之器，這是就「盉」的外在形制而言；然亦有其他學者持不同看法，認爲「盉」既有「調酒」之用途，則自然就應該有「調味」的功能〔註 17〕；然王國維由

〔註 12〕參（漢）許慎著，（清）段玉裁注：《說文解字注》（臺北：黎明文化事業公司，1996 年），頁 86。

〔註 13〕同前註，頁 214。

〔註 14〕同前註，頁 323。

〔註 15〕參（清）王念孫：《廣雅疏證》（臺北：藝文印書館印行，收入於「百部叢書集成」，1966 年）。

〔註 16〕參（清）王國維著：《觀堂集林》（石家莊：河北教育出版社，2001 年），頁 90～91。

〔註 17〕臧克和：「『盉』之爲器，既具『調酒』之用途，自然也就該有諸如『鼎鬲之列』的調味功能，……若說『盉』自具一般『調和』飲食味道的功用則可，而僅僅偏執於『調酒』一邊則失。」以上參見氏著：《中國文字與儒學思想》（南寧：廣西教育出版社，1999 年），頁 178。

「盉」的形制進行考察，對「盉」的外型構造有所描述：

> 自其形制言之，其有梁或鋬者，所以持而蕩滌之也。其有蓋及細長
> 之喙者，所以使蕩滌時酒不泛溢也。其有喙者，所以注酒於爵也。
> 〔註18〕

就「盉」的外型而言，不僅有蓋，亦有細長之喙，與以調味為主的鼎鬲相較，鼎鬲是一種「開放式」的容器，便於食材的攪拌、調和，功用上的不同本來就會影響外在的形制；且「盉」列於殷商時期諸酒器之一，不管是進行祭禮，或是個人私下的飲酒宴樂，均須循禮而行，在禮制嚴明的殷商時代，調酒之器與調味之器不太可能並為一用，意即「調酒」一類的功用是具有受禮制約束的「尊貴性」及「嚴肅性」，運用於婚禮、冠禮等較嚴肅的場合，故王國維將之歸入於「調酒之器」，實具有歷史脈絡及禮儀制度上的合理性；然不論「盉」之用為調味或調酒，就其從禾從皿而言，應不離穀酒、飲食之列，就此來說，在「盉」字廢後，「和」取而代之，成為調理食物時一項不可或缺的重要過程。《詩經·商頌·烈祖》即有：

> 既載清酤，賚我思成。亦有和羹，既戒既平。〔註19〕

鄭玄箋：「和羹者，五味調，腥熟得節，食之於人性安和。」〔註20〕而「既戒既平」除了表示和羹過程謹慎之外，「平」亦代表了調味勻和之意，由此可見「和」於「飲食」調味上的效用。

　　另就「龢」字來說，許慎以「調」的動詞義來概括之，段玉裁則進一步補充為「調聲」。以「龠」來看，從「龠」者多與樂器或音樂有關，如「龤」、「籥」……等，所象皆為以竹管為主所吹奏的樂音或樂器。如「龠」，《說文》即言為：「樂之竹管，三孔，以和眾聲也。」「龤」則是：「樂和也。」〔註21〕可見日後「龢」與音樂的關聯，而正如段玉裁所言，今日乃「和」行而「盉」、「龢」皆廢也，然透過字源的考察，仍不難由此得知「和」在「飲食」及「音樂」上的效用，雖只是「調和」義的呈現，卻是構成「和」的「前導性義涵」中一項重要的指標意義。

　　從基本的字源聯繫來看，「和」在「飲食」及「音樂」上產生效用，「飲

〔註18〕參王國維：《觀堂集林》，頁91。
〔註19〕參（漢）毛亨傳，（漢）鄭玄箋，（唐）孔穎達疏：《毛詩正義》（臺北：藝文印書館，重刊宋本十三經注疏，2001年），頁791。
〔註20〕同前註，頁791。
〔註21〕參段玉裁：《說文解字注》，頁85－86。

食」偏向於人的生理需求部分,「音樂」則較隸屬於心理感官的接受,當然,音樂與飲食在生理及心理層面上的需求來說,無法完全斷裂分割來進行論述,故簡單來說,在「和」的基本字義中即隱含有調和「生理」及「心理」需求的功能。然「生理」與「心理」的反應與接收,是否能通過某種管道進一步達成聯繫?錢鍾書在其論著中提到「通感」一項:

> 在日常經驗裡,視覺、聽覺、觸覺、嗅覺、味覺往往可以彼此打通或交通,眼、耳、舌、鼻、身各個官能的領域可以不分界限,顏色似乎會有溫度,聲音似乎會有形象,冷暖似乎會有重量,氣味似乎會有體質。〔註22〕

錢鍾書所言之通感,側重在各感官功能間的彼此聯想溝通,運用於中國詞章文學的鑑賞與批評上,然試從儒家音樂理論來進行解析,《禮記·樂記》:

> 寬裕肉好順成和動之音作,而民慈愛。〔註23〕

鄭玄注曰:「肉,肥也。……肉,或爲潤。」〔註24〕以「肉好」來象徵圓潤美好之聲,除了是視覺與聽覺的聯繫之外,尚須包括生理上的飲食效果,否則圓潤的意境難得。又如:

> 先王恥其亂,故制雅頌之聲以道之,使其聲足樂而不流,使其文足論而不息,使其曲直繁瘠廉肉節奏足以感動人之善心而已矣。〔註25〕

「廉肉」即「繁瘠」的相對義,是音樂特質中重要的一環。這般以「肉好」、「廉肉」來取代直書「圓潤」的作法之所以可能,主要即建立在人「心理」及「生理」上的通感。這樣的通感,概念或許與詞章鑑賞中主體悟入的覺知方式有異,然就「體物聯想」一項而言,則具有異曲同工之妙。而不管是如何的悟入感知方式,皆在「和」所節制的合理範圍中進行,如此則情感不至泛溢肆忞,生理及心理的反應亦不至於過度。

再就「中」而言:「中」,在金文甲骨文中,爲一建中之旗飄揚之象。〔註26〕近人董根洪根據唐蘭《殷墟文字說》的說解,認爲「『中』的『徽幟』和『旗

〔註22〕參錢鍾書著:《七綴集》(上海:上海古籍出版社,1995年),頁65。
〔註23〕參《禮記注疏》,頁679。
〔註24〕同前註。
〔註25〕同前註,頁700。
〔註26〕參李孝定編述:《甲骨文字集釋》(臺北:中央研究院歷史語言研究所,1991年),頁163-170。

鼓』形象最初標誌的是部眾必須依附聽從的權威和統治。」〔註27〕亦即言,「中」在早期隱含有原始宗教的意涵,並以一圖騰意義爲指向。《尙書‧盤庚中》中有言:「汝分猷念以相從,各設中于乃心。」〔註28〕這是盤庚告誡部眾的話。「中」在此處的含義,已由早期與原始宗教的關聯,提升爲一抽象性的「指標」,此「指標」作用於「心」,增加了價值判斷的過程,凸顯出「不偏不倚」的義涵。而由商入周後,由於周人主體精神的自覺,對於「德」性的要求逐漸提升,《尙書‧酒誥》乃有:「丕惟曰,爾克永觀省,作稽中德。」〔註29〕此處的「中」成爲一種德行,惟能考中正之德,方能成就君王之道。至此,則「中」的義涵由抽象性的指標作用,一轉而爲倫理性範疇,脫離了早期原始宗教與王道的藩籬,而「中」與「德」的結合,乃成爲後來孔子所言:「中庸之爲德也,其至矣乎!」的先聲,影響後來儒家思想中的「中庸之道」。

　　就「中」的基本義涵來說,單就字源意義的考察已可見得「中」之義涵梗概,然《中庸》以「性」而論「中」,「性」之善、惡是否會影響「中」之義涵在儒家思想中個別意義的展現?「中」與「和」的互成義間又將產生如何之效應?試以《中庸》首章來進行討論:

　　　　天命之謂性,率性之謂道,修道之謂教。〔註30〕

依照朱熹的詮釋,所謂「性」,即「理」也;「率」,循也〔註31〕。以此而言,則「率性之謂道」的前提是:「性」必須是善的,方有「率性」、「修道」之可能。王夫之於此處補充曰:

　　　　夫道何所自出乎?皆出於人之性也。性何所自受乎?則受之於天

〔註27〕董根洪根據唐蘭對「中」字的釋義,歸納出三點:(1) 建中以聚眾。(2) 建中聚眾的是部落酋長,……進而意味著一切行爲須依附的標準所在。(3) 部落酋長建中擊鼓聚眾,發號施令,其建中之地中央之地,意味著部落群眾對所見之中不得偏離。由此推衍出,「中」的形象所標示的,是一種權威和統治。以上參董根洪:《儒家中和哲學通論》,頁 31。

〔註28〕參《尚書注疏》(臺北:藝文印書館,重刊宋本十三經注疏,2001 年),頁 132。

〔註29〕同前註,頁 208。

〔註30〕參《禮記注疏‧中庸》,頁 879。

〔註31〕朱熹釋「法」爲「循」,然在《孟子‧盡心上》有:「大匠不爲拙工改廢繩墨,羿不爲拙射變其彀率。」此處之「率」,音「律」,是「法」之義。就朱熹說「法」爲「循」,則「性」必須是善的,方有「率性」、「修道」之可能;而若就孟子之「率」而論,所謂「法性」,亦必是不偏不倚、無所踰矩之「性」。即「性」而言,雖「率」之義有所不同,然無損於「性」的「道性」。以上分別參朱熹:《四書章句集注》,頁 2、204。

也。天以其一眞無妄之理爲陰陽、爲五行而化生萬物者曰天道。陰陽五行之氣化生萬物，其秀而最靈者爲人，形既成而理固在其中。於是有其耳目則有其聰明，有其心思則有其智睿；智足以知此理、力足以行此理者曰人道。是人道者，即天分其一眞無妄之天道以授之，而成乎所生之性者也，「天命之謂性」也。由此言之，則性出於天。人無不生於天，則性與生俱生，而有一日之生，則一日之性存焉，人固宜法天以建極矣。於是而有道焉，則率循此性之謂也。率其陰之至順者，則能知之道出焉；率其陽之至健者，則能行之道出焉；率其五行之理氣各成其能者，而仁義禮智信之道出焉。〔註32〕

王夫之透過陰陽五行的進路，將「人道」中之「性」，歸屬爲由「天分其一眞無妄之天道以授之，而成乎所生之性」；即「天」賦予「人之性」，而人之「性」乃「道」之所由出。「性」與「道」之間的關鍵在「法天」，若能循天之五行理氣以行「性」，則「仁、義、禮、智、信」之德由此而生。王夫之在此並無特別聲明「性」的善、惡問題，故其又進一步補充說明：

> 故自其成德而言之，渾然一善而不倚於一端以見善者，中也；眾善具美，而交相容會以咸宜者，和也。〔註33〕

此處雖無直接提及「性」的善、惡，但間接指出「中」、「和」的「成德」之境。在「率性之謂道」的過程裡，「中」是「渾然一善而不倚於一端」的實現，代表了一「最高的定位」，而所謂「見善」之所以得見，亦勢必經過實際行爲的落實；「和」則強調「眾善具美，而交相容會以咸宜」，重點不再置於追求「見善」的層次，而是著重在眾善的交相容會所展現之「圓滿的流行」。因此若就王夫之的說法而言，「中」雖然有兼容成德之善爲渾然一善的任務，然其最終的目標在「不倚於一端而見善」，因此「中」的定位相對顯得重要，在此「中」乃具有一指標性意義，在兼容諸德後提供一「不偏不倚」的態度；而「和」則相對可於眾德之中來去穿引，重點非在「見善」的實際落實，而轉移到成德之美的交相容會，故在此可見「中」與「和」之任務不同、影響結果亦不相同，不過就其最終目的而言，仍是在爲「中和」境界的達成作準備，此即可視爲「中」、「和」之個別義的呈現與互成義的完成。

〔註32〕 參（明）王夫之著：《四書訓義》卷二，收入於《船山全書》第七冊（長沙：嶽麓書社，1998年），頁105。

〔註33〕 同前註，頁107。

徐復觀於「中」之界義中言道:「此種純白的精神狀態,在《論語》,即是『子絕四,毋意、毋必、毋固、毋我』;在這裡便謂之『中』。『中』是不偏於一邊的精神狀態而不是性,所以只說『謂之中』,而不說『謂之性』。但所以能夠『中』,及由『中』所呈現的,卻是性。」〔註34〕徐復觀認為「『中』是不偏於一邊的精神狀態」,與勞思光的說法相吻合。勞思光言:「『中』是一境界;它並非指實然的未有情緒的狀態,而指自覺地超脫情緒的境界。」〔註35〕由此而言,「中」乃為「主體自覺的顯出」,透過個人行為舉止或心的動向而呈現出來,心之覺「中」,則自然「不偏不倚」、無所顧忌,其運行依附的是「天道」所賦予的「人性」,人性中所內具的善,引導喜怒哀樂之情的表現,使其呈現一種不衝突、不阻滯的境界,並進而達到「和」;而「和」亦是「自覺主體如理運行在萬象之中」,成就了「中」與「和」的兩面境界。

第三節 以「和」作為儒家思想詮釋進路如何可能之討論

就前文所討論,儒家的「中和」與「中庸」思想因著「中」、「和」的概念而建構,然不可忽略的是,「中」、「和」的互成義雖然成全了「中和」、「中庸」的中心思想,然「中」與「和」的個別意義在《中庸》以形上本體論進行詮釋之前,仍悄悄地在儒家思想中進行作用。以荀子作為例子來進行檢視,在《荀子》一書的內容中,已包含四次「中和」詞組的運用,然觀察《荀子》一書中其他部分的內容,除去四次使用到「中和」的紀錄,單獨使用「和」字仍有五十三次,主要義涵包括「諧和」的狀態義與「和同」的動詞義,範圍則涵蓋政治、人倫、音樂、教育等,如《荀子·富國》:

> 故明主必謹養其和,節其流,開其源,而時斟酌焉。〔註36〕

又如〈正論〉:

> 夫亂今然後反是:上以無法使,下以無度行;知者不得慮,能者不得

〔註34〕 參徐復觀著:《中國人性論史——先秦篇》(臺北:臺灣商務印書館,1969年),頁126。

〔註35〕 參勞思光著:《大學中庸譯註新編》(香港:香港中文大學出版社,2000年),頁44-45。

〔註36〕 參梁啟雄:《荀子簡釋》,頁133。

治，賢者不得使。若是，則上失天性，下失地利，中失人和。〔註37〕
此處以荀子爲例，藉以闡明儒家思想中其實包含著「中」與「和」個別義及
互成義的作用，除了因爲荀子是儒家諸子中首位將「中和」與「和」同時運
用的思想家之外，由荀子運用「和」義涵之嫻熟，同時也可證明「和」義涵
在荀子之前絕對有其概念來源及理解模式存在。由於本文的重點在於討論以
「和」作爲儒家思想詮釋進路之可能性，故對於「中」於儒家思想中所展現
的個別意義將不再關節論述，而直接由「和」之「前導性意義」所引發的效
應來進行詮說。

所謂「前導性義涵」，顧名思義，代表的即是一概念或思想之被建構前所
依據的前導性意義。此前導性意義乃是相對於以孔子爲主的儒家思想中之
「和」義涵而言，若無對應至儒家思想中之「和」，則無所謂「前導性義涵」
的存在，然這並無損於孔子之前，以史伯、晏嬰等「和同論」爲主軸的「和」
義涵理解。以儒家思想對「和」義涵的承繼來說，除了由字源聯繫而得的基
本義，及《尚書》等經典所闡發有關於「協和天下」、「燮和萬邦」的論述之
外，最重要的即是孔子前由史伯、晏嬰等提出一連串對於「和同」的討論。《國
語・晉語》中史伯提出：

> 夫和實生物，同則不繼。以他平他謂之和，故能豐長而物歸之。……
> 故先王以土與金木水火雜，以成百物。是以和五味以調口，剛四肢
> 以衛體，和六律以聰耳，正七體以役心，平八索以成人，建九紀以
> 立純德，合十數以訓百體。……故王者居九畷之田，收經入以食兆
> 民，周訓而能用之，和樂如一。夫如是，和之至也。……聲一無聽，
> 物一無文，味一無果，物一不講。〔註38〕

史伯的說法著眼在「和」的發生意義上，透過「和」的概念來建構一在雜多
中尋求和同的狀態，因此有「聲一無聽，物一無文」的說法；而《左傳》中
亦記有晏子對齊侯之言：

> 和，如羹焉。水、火、醯、醢、鹽、梅以烹魚肉，燀之以薪。宰夫
> 和之，齊之以味，濟其不及，以泄其過。〔註39〕

〔註37〕同前註，頁247。
〔註38〕參（三國）韋昭注：《國語》（臺北：世界書局，1975年），頁371－372。
〔註39〕參（晉）杜預注，（唐）孔穎達正義：《春秋左傳正義》（昭公二十年）（臺北：藝文印書館，重刊宋本十三經注疏，2001年），頁858。

晏子之言在「和」的基本義涵上予以發揮，就「和」在「飲食」及「生理」的影響層面上加以「濟其不及，以泄其過」的強調。在在顯示所謂的「和」，乃是由雜多的統一進而到對立面的和諧統一。李澤厚提到孔子前的士大夫對「和」的解釋時即言：「首先，從雜多的統一中認識『和』進到從對立面的統一中認識『和』。」〔註40〕這是文化演進必然的進程，亦是「和」概念整合的重要階段。所謂「以他平他」，並不是一種消滅、侵略的過程，而是在諸多不同元素的有機作用下，保持個體生命價值或概念的完整，進而凸顯和諧與秩序美共構的「平衡」、「協調」的生命經驗！

　　而究竟要如何由雜多的感官經驗來達到「和」？單穆公、伶州鳩甚至史伯至晏嬰等人的言論都做了說明。「雜」所代表的除了「雜多」，尚包括了「對立」的相對概念，即便是「對立」，在中國文化的詮釋之下，亦是不離開相對立的一方單求片面地凸顯，相反的，是在「對立」的情境中尋求「相成」的結果，這方是儒家及整個中國文化所追求之「和」。因此就宇宙論來說，《易》中的陰、陽對立並不是進行一種破壞，而是在相對二元的概念之下進行整合，達到和諧相成的狀態，由此聖人之作《易》，也方能「參天兩地而倚數，觀變於陰陽而立卦，發揮於剛柔而生爻，和順於道德而理於義，窮理盡性以至於命」〔註41〕，藉由天地、陰陽、剛柔等概念的對立，進而雜揉相成，使得道德和順、義理明確，在盡性知命的基礎上理解天理之所在及其浩瀚之處。這個階段之「和」仍是需要經過一連串激盪、整合的過程才能產生，與一先驗性的、或可追求的境界義不同，大致上仍偏向政治的附屬地位，《左傳》昭公二十年（公元前五二二年），晏嬰之於齊景公的對話有言：

> 先王之濟五味，和五聲也，以平其心，成其政也。聲亦如味。一氣、
> 二體、三類、四物、五聲、六律、七音、八風、九歌，以相成也。
> 清濁、大小、短長、疾徐、哀樂、剛柔、遲速、高夏、出入、周疏，
> 以相濟也。君子聽之，以平其心。〔註42〕

先王之「濟五味、和五聲」，主要是為了「平其心、和其政」，以聲、味之「和」來推擴，達成政治上的清和，除了「氣」、「體」、「類」、「物」、「聲」、「律」

〔註40〕參李澤厚、劉綱紀主編：《中國美學史》（臺北：漢京文化事業有限公司，1986年），頁110。

〔註41〕參（魏）王弼注，（唐）孔穎達疏：《周易正義》（臺北：藝文印書館，重刊宋本十三經注疏，2001年），頁182－183。

〔註42〕參《春秋左傳正義》，頁859－861。

等的相成之外,「清濁」、「大小」、「短長」等的對立概念,也透過對立面所達成的和諧統一彼此相濟,以平和人心,達到治民、安民的效果。

以音樂或聲色的享受來說,重點在約束聲、色等感官經驗的傳達與接受上,不管任何聲色的刺激都必須適度,追求精神與享樂的平衡,方能成就審美感受中的「和」。因此《國語・周語》中記載周景王欲鑄一個大鐘,其音高爲以前鑄鐘者所未有,外形之巨大亦前所未見,單穆公便予以反對之,其言:

> 夫樂不過以聽耳,而美不過以觀目。若聽樂而震,觀美而眩,患莫甚焉。夫耳目,心之樞機也,故必聽和而視正。聽和則聰,視正則明。聰則言聽,明則德昭。……若視聽不和,而有震眩,則味入不精,不精則氣佚,氣佚則不和。於是乎有狂悖之言,有眩惑之明,有轉易之名,有過慝之度。出令不信,刑政放紛,動不順時,民無據依,不知所力,各有離心。上失其民,作則不濟,求則不獲,其何以能樂?〔註43〕

此段旨在強調一「適均」的概念,所謂「適均」,即「和」也。故「聽和而視正」,不「和」則民無據依。所有聲色的刺激與享受,最終目的皆在導心以和,若擾亂耳目,則心眩氣佚,民無所得其「樂」,當然政治、刑政就無法順利推行,因此此時之「和」還隱隱然包括了「中」與「平」的概念。《國語・周語》伶州鳩言:

> 夫有和平之聲,則有蕃殖之財,於是乎道之以中德,詠之以中音,德音不愆,以合神人,神是以寧,民是以聽。〔註44〕

此外《左傳》昭公元年醫和論樂亦有言:

> 先王之樂,所以節百事也。故有五節。遲速、本末以相及,中聲以降,五降之後,不容彈矣。於是有煩手淫聲,慆堙心耳,乃忘平和,君子弗聽也。〔註45〕

所謂「和平之聲」、「中音」、「中聲」,皆是對於聲音或音樂的要求尺度。「和」與「中」、「平」的結合,暗示了彼此互相依存、制約的微妙關係,而以概念的涵蓋性及包容度來說,「和」概念的外延仍大於「中」、「平」,因爲所謂「由『雜』取『和』」是本階段的特色,而其特點即是有機地將各種元素整合爲一

〔註43〕 參《國語・周語》,頁 90−92。
〔註44〕 同前註,頁 94。
〔註45〕 參《春秋左傳正義》,頁 708。

「無過」、「無不及」的總體概念，這些雜多的元素經統合之後，所欲達到的概念是「和」，不論是宇宙觀或音樂觀皆然，而或可由此推測，「和」概念的意義在中國文化的早期整合階段中，其重要性及人們對「和」的認知，遠遠凌駕於「中」或「平」、「諧」……等同樣代表「適均」的字彙之上，只是到了春秋戰國時代，戰亂頻仍，政治的安定成爲施政的首出目標，「中」適以其個別義涵的指向，輔以儒家思想精神的內蘊、補充，成爲儒家行事爲人之準則，後來更因「德」的加入，提升「中」而爲一套修身的工夫歷程；而「和」則隨著西周由和心而和德、和德而和政的樂教觀念進而對儒家樂論產生莫大的影響。

　　此時之「和」，亦透過「雜」的概念來分判「和」與「同」的相異，「同」表面上雖是一「合同」的狀態，但與「和」較之仍有所異。《國語・鄭語》中提到：「以他平他謂之和，故能豐長而物歸也。若以同裨同，盡乃棄矣。……」〔註 46〕「和」的本質意義，是透過一連串平衡與協調的過程才能達成，因此「和」乃具有足夠的動力來進行「平心」、「生物」，甚至豐長萬物的活動，故「以他平他」代表的是一種辯證融合的生命力；反之，「同」是一種普遍性的同質性存在，缺少了融合辯證的過程，便喪失了存在的根據和發展的可能。嚴格說來，「和」的概念在此階段已被提升至哲學的高度來看待，在「和實生物，同則不繼」的說法中，「和」與「生物」、「同」與「不繼」的組合，已適切表明「和」與「同」動力的差距。在史伯或晏嬰的說法中，「同」並非是一貶抑詞，到了孔子所言：「君子和而不同，小人同而不和。」〔註 47〕朱熹注曰：「同者，有阿比之意。」〔註 48〕乃以「同」爲「和」之反義詞。

　　準此，孔子之前對於「和」的討論，亦即儒家之「和」的「前導性義涵」，重點仍在政治領域的施展與改造上，主要意義在強調一對立面的和諧統一，透過「對立」與「雜多」內部的有機統合，尋覓出一足以「生物」、「成物」的「和」徑；此外，情感投射的適均、聲色享樂的有節，皆攝於「和」的範疇之下，整體來說，「和」的「前導性義涵」所揭示的，除了「適均」、「和諧」的概念之外，仍不離「有節」的理性規範。統合前文所言，「和」之「前導性

〔註 46〕　參《國語・鄭語》，頁 371。
〔註 47〕　參（魏）何晏注，（宋）邢昺疏：《論語注疏》（臺北：藝文印書館，重刊宋本十三經注疏，2001 年），頁 119。
〔註 48〕　參朱熹：《四書章句集注》，頁 135。

義涵」就其概念生成及內在涵義而論，共具有以下幾種特質：首先是就「和」之「前導性義涵」的成形以論，其內在義涵的成立與建構，必產生於一「雜多」或「對立」的概念中；再者，近代學者如：李澤厚、顏崑陽等，皆以「美」或「存有秩序美」的命題來代表「和」的精神性感受及其內具和諧秩序的充分展現，由此或可進行推論，所謂「存有秩序美」的提出，即間接肯定「和」之「境界」義存在的可能，故「和」義涵入於儒家思想中的應用，所謂「和」境的建構並非是推論上的空穴來風。不過值得注意的是，學者所提出的「存有秩序美」，是在史伯、晏嬰所強調「和同」論的基礎上加以發揮，肯定透過「和同」論所呈顯關於「和」投射於主體的精神感受。單就史伯、晏嬰的「和同」論而言，所謂「和」，仍是屬於非先驗的應用概念，也就是說，在儒家「和」義涵的前導性意義上來說，「和」還是扮演縮合或協調角色居多，而非一超越的境界義，不過亦間接說明了，「和」在最基本的應用、協調功能之外，其義涵尚具無限開展的可能，而這些「可能」皆進一步在儒家思想中具現，深化了「和」的內在義涵。最後，以「和」與「同」作概念義涵上的比較，可以呈顯以「和」爲主的「以他平他」，實際上就是一種辯證融合的生命力展現，由於這內在的趨動力，使得「和」被提升至哲學的高度，而不只限於一般性概念來對「和」進行討論認識。

前文所言「存有秩序美」的揭示，除了間接暗示了「和」之建構「境界」意義的可能之外，尚進一步引導出：「和」義涵運用於儒家如何可能的問題。既然「和」之「存有秩序美」所開展的境界是爲可能，以一個概念的思想義涵來說，「和」義涵於道家、漢晉之際，甚至時至今日，「和」的內在義涵只有不斷的轉變、深化，並不見絕跡之勢，故繼西周而起的先秦儒家思想，沒有排除「和」義涵於儒家思想之外的理由，且「和」於儒家思想中之所以未被自覺地標舉，實是因爲儒家思想重實踐的特質，沒有辦法以「和」作爲提倡、實踐的根據，這並不代表儒家不重視「和」的概念義涵；再言，「和」的「前導性義涵」進入孔子的思想體系後，加上「尚中」歷史經驗影響，雙雙被納於儒家的「中庸」思想中，若眞如勞思光所言，孔子較周人最大的不同之處即在於，孔子較周人多了自覺的精神，故稱其爲中國思想的發軔者，則「中」、「和」義涵於「中庸」思想中的體現，有可能是孔子自覺的安排。「中」本身就是一種生命落實的哲學，沒有經過身體力行的實踐，「中」的道德美感是絕對無法呈現的，而「和」相對於「中」來說，是主體經過「中」的道德

落實後，所呈現不偏不倚、和諧適均的生命情態。試揣測孔子之所思，在「中」未貫徹、落實於主體，成為行事為人的中心準則之前，一切對於「和」的言說與提倡只為空談，所以孔子強調「中道」、「中行」，卻極少言及「和」，實因有此一層因果序列的關係，故「中」與「和」的義涵在儒家思想中雖經常被並提，以「一組」概念的角色出現，然其內在義涵仍各有所重之處，且需進一步相互配合，才能在儒家思想中產生最大的效應。

　　「和」義涵以一「境界」義的成立，使之入於儒家思想產生效應成為可能，然「前導性義涵」中，「和」最基本之應用、協調功能，同樣被收納於儒家思想的體系之中，因此「和」義涵於儒家思想內部絕非只以單線進行發展，而是推擴出許多不同面向，對儒家思想內涵產生實際的影響，因此從一歷史經驗事實來看，孔子所倡設的「中庸」思想並非空穴來風，而是對前代文獻記載精要處的承繼與發揮，這當中包括了「尚中」與「尚和」的基本義涵；而單就「和」一項來說，「和」的「前導性義涵」提供了「和」在儒家思想中繼續發展的理論憑藉，雖然在孔、孟的言談或文獻紀錄中少見「和」的使用與闡發，然就《荀子》中之所言所記，及其他儒家典籍的紀錄，恰可與「和」之「前導性義涵」連成一氣。孔子之前既有完整的「和」義涵架構，孔子之後亦出現「和」應用於政治、人倫或禮、樂中的例子，就一概念義涵演變的合理性來進行推論：在孔、孟的認知中應當有「和」概念的存在。再加上儒家思想整體氛圍的走向，講求的即是「適均」、「和諧」的美感；就文化環境的重建與孔子所面對的時代課題來說，「和」亦是當時代最迫切的需求。故以「和」作為先秦儒家思想研究的詮釋進路，應是在諸多討論進路之外，值得再作嘗試的思考向度。

第三章　孔、孟思想中的「和」觀探究

以儒家「中和」哲學、「中庸」思想為主的一脈思考來進行檢視，發現「和」在儒家思想中除了與「中」相關涉之互成義的理解脈絡之外，另有以其個別義為主所產生的作用存在。不容諱言，整個儒家思想的「中和」哲學必須依賴「中」、「和」之個別義與互成義的有機作用來完成，然以「和」作為先秦儒家思想研究之詮釋進路亦是具有可行性的。不過，在討論儒家思想中所蘊含的「和」義涵之前，必須考慮到一個問題，此問題之重心即在：孔、孟思想中的「和」觀。

在儒家的典籍記載中，孔、孟少有針對「和」而發的論述，故要以「和」作為研究儒家思想之進路，首先便必須克服文獻資料短缺的限制，從有限的典籍紀錄或孔、孟的隻字片語中尋求內在於孔、孟思想中的「和」觀；再者，由於孔、孟之「和」觀在其思想體系中是隱而未顯的，故本章將以昭示孔、孟思想中此隱而未顯之觀念為首要目標。在研究方法上，並不預設孔、孟思想中「和」觀的存有，改由外在發生原因，及思想、學說的內在義涵探索來進行檢視，擇選的文獻資料也以孔、孟對「和」的實際運用或批評為主，如此乃可避免推論上可能涉及預設立場的邏輯謬誤。此外，由於孔、孟思想中的「和」觀隨著文獻資料散置，在未有全面統整的義涵結構呈現之前，乃暫以文獻資料本身內容作為研究的小標題，故有「和為貴」的指導原則、君子之「和」、「人和」及聖之「和」者的道德評價等標題出現，用意主在使文獻內容有更忠實且直接的呈現。

除了昭示孔、孟思想中的「和」觀，再進一步利用孟、荀「和」觀對應的方式，明揭孟、荀思想本質上的相歧之處，亦可由二人思想焦點之相左，見得儒家思想中看待「和」議題的兩種不同典型。

第一節　外在發生原因的考察——社會、文化環境崩壞的刺激

　　「和」之「前導性義涵」的確定，足以顯見「和」的概念內化於儒家思想前即隱含的內在意義，而進入儒家思想之後，試先考察儒家學派的生成及孔子其人所面對的社會、文化問題，或可較清楚呈現思想發生與文化、社會環境變遷所可能產生的關聯性。

　　有關儒家學派生成的論述，以《漢書‧藝文志》的記載與分析最爲大家普遍採用〔註1〕。「諸子出於王官」說，確實反映了某種程度的史實，然也過度簡化了儒家思想的發生及本質意義。根據史書的記載，孔子三十歲時即學禮有成，聞名於公卿之間，並開始教育的生涯，而後魯昭公討伐權臣季氏失敗，逃往齊國，孔子隨之，一年後乃返魯。回到魯國後曾擔任中都宰、司寇等官職，後因遭權臣三桓的猜忌，乃辭去司寇的職位，開始周遊列國的十四年生涯，而在陳國期間，經歷陳蔡之困，孔子逐漸感到自己政治生命的侷限與無奈，乃決定返魯專心投身於教育工作，而後整理《詩》、《書》，展開有教無類的教育生涯，並在弟子後學的推波助瀾之下，建構出儒家特有的思想體系，影響歷久不衰。〔註2〕雖然儒家思想之起點一般皆認定由孔子肇始，然儒家思想並非由孔子憑空創造，在思想的上承部分，《論語‧八佾》記載：

　　　　子曰：「周監於二代，郁郁乎文哉！吾從周。」〔註3〕
由於周代禮文之齊備，孔子從而行之，加上《漢書‧藝文志》所言之「祖述堯舜，憲章文武」，乃使得整個儒家思想彷彿出於對前代的全然包容及繼承。許倬雲言：

　　　　西周，是孔子心目中的典型，「郁郁乎文哉，吾從周」。孔子是中國

〔註1〕　《漢書‧藝文志》：「儒家者流，蓋出於司徒之官，助人君順陰陽明教化者也。游文於六經之中，留意於仁義之際，祖述堯舜，憲章文武，宗師仲尼，以重其言，於道最爲高。孔子曰：『如有所譽，其有所試。』唐虞之隆，殷周之盛，仲尼之業，以試之效者也。然惑者既失精微，而辟者又隨時抑揚，違離道本，苟以譁眾取寵。後進循之，是以五經乖析，儒學寖衰，此辟儒之患。」參（東漢）班固著：《漢書》（北京：中華書局，1997年），頁1728。
〔註2〕　參（漢）司馬遷著：《史記‧孔子世家》（北京：中華書局，1997年），頁1905－1947；蕭璠著：《先秦史》（臺北：眾文圖書股份有限公司，1994年），頁161－169。
〔註3〕　參（魏）何晏注，（宋）邢昺疏：《論語注疏》（臺北：藝文印書館，重刊宋本十三經注疏，2001年），頁28。

文化的代言人，也正因爲他體認了華夏文化的性格。儒家學說是華
夏文化的闡釋，儒家理想人格是擇善固執，是以仁恕待人，這種性
格，可稱爲外圓（包容）內方（執善），也正是華夏性格的化身。儒
家文化的基本性格成爲中國文化的基本性格，而其成形期，正是在
西周形成華夏文化本體的時候。〔註4〕

儒家思想與華夏文化間的特質投射，確實內化爲儒家思想精神的一部份，然就
文化自覺程度而言，勞思光以孔子爲中國文化自覺時期開啓之代表，並說道：

周人表現人文精神，只在其政治設施中，尚無明透之理論基礎；故
吾人可說，周人以前之原始信仰，觀念及習俗等，固只代表未自覺
之階段（因此原始事態只能作爲一自然事實看；爲多數民族之所同，
不表特殊方向），即以周初制訂禮制時而論，仍只并代表半自覺之階
段；眞正自覺階段需在能對「人文精神」提出確定理論時，方算是
眞正開始。而此一工作即以孔子爲主要代表人物。〔註5〕

根據勞思光的說法，似乎覺得光是主體精神的自覺其實並未達到一全然自覺
的狀態，還需繼之以理論的創建；也就是說，在個人精神自覺之際，轉化自
覺精神於人之內在，並進而思考何謂「人文精神」的究極所在，提出理論改
造思想陳棄，再還原於思想內部，落實於生活及思想的昇華改造，故勞思光
又言：

孔子實非上承古代原始信仰之思想家，而是完成周人所代表之精神
之理論基礎之人文思想之宗主。〔註6〕

孔子承周文而立說施教，雖然「述而不作」，但卻在講述、教授的過程中，深
化周文的意義。孔子之所以能成爲「完成」周代人文思想的宗主，除了「周
文郁郁」的具體條件之外，尚包括其面對時代及文化的深刻反省能力，因此
許多前承的概念經過反省深化後，反而更能適切地傳達儒家思想的精華所
在。就勞思光之言，可見其已肯定孔子的思想在某種程度上的自覺，透過此
種個人精神的自覺，乃成爲一種驅動力，進一步使得孔子在面對崩壞、錯亂
的人文、社會環境時，有足夠的智慧來充分對治，並將其對治之工夫納入儒
家思想體系中，成爲一套以「德」爲主的生命道德哲學。

〔註4〕 參許倬雲著：《西周史》（臺北：聯經出版事業公司，1990年），頁319。
〔註5〕 參勞思光著：《新編中國哲學史》（臺北：學生書局，1997年），頁105－106。
〔註6〕 參勞思光：《新編中國哲學史》，頁106。

　　繼之再就《史記》的記載，討論孔子身處的時代與其思想生成間的關聯。孔子生於魯襄公二十二年，卒於魯哀公十六年，正値「周室微而禮樂廢，《詩》《書》缺」〔註7〕的周文崩解階段，因此「周文疲弊」是孔子及當時代諸子所必須共同面對的時代課題。周代的禮樂、文化制度行之有年，然隨著政治環境的紊亂，間接使得整個家國社會失序，原有僵化的禮制已逐漸缺乏有效的規範與約束，不論在政治或文化上，皆遭逢遽變的危機，孔子正視這樣的時代問題，因此除了承接殷周兩代的禮制政教，尚以「仁」、「義」等道德特質對周文精神進行重新的詮釋與改造。筆者私意以爲，「和」的概念就在孔子承繼前代文化內涵及面對周文疲弊的衝擊時，內化於儒家的思想當中，成爲隱性的文化精神取向。所謂「周文疲弊」，指的是代表周代人文精神的各種文化，隨著時間及環境的改變而逐漸扭曲，失去其內涵原有的秩序，特別是指「禮樂」而言。「禮樂」的眞正目的與價值，是在安頓生命、建構生命秩序，然進入春秋時期，禮崩樂壞的結果讓孔子憂心，因此孔子開始重視禮崩樂壞所帶來種種「不和」的問題。這種「不和」的危機，並非是被特別標舉出來的，然隨著周代文化秩序的崩解，傳統禮制原有的約束力逐漸消失，天下呈現一無秩序的狀態，所以孔子欲重建一套具普遍意義的社會秩序，乃於周代文化中殷革損益、去蕪存菁，輔以主體自覺的肯定，建構出儒家學說思想的大概。而這當中有一個很重要的原因，就是「自覺」。「自覺」是一主體逆覺的過程，勞思光所指周代主體精神的自覺，是一種「半自覺」狀態的主要原因，是因爲周人在「憂患意識」〔註8〕的作用之下，「覺」到「人」與「天」之間的關聯，不再是一種服從、宰制的關係，從而在宗教本質上做了轉化，即所謂「宗教人文化」，並進而提出「敬」的觀念；然「主體逆覺」的過程除了是「精神」的自覺之外，還必須包括一工夫進路，周人提出的「明德」、「敬德」旨在突發精神上的自覺，但卻仍缺乏一套修養的工夫，因爲周人意識到的「憂患意識」，是「精神上開始有了人地自覺的表現」，然孔子所面對的，卻是整個人性及社會所主導最強烈的「幽暗意識」，而孔子對此「幽暗意識」的正視同時

〔註7〕　參司馬遷：《史記》，頁 1935。

〔註8〕　依徐復觀所言：「周人革掉了殷人的命（政權），成爲新的勝利者；但通過周初文獻所看出的，並不像一般民族戰勝後的趾高氣揚的氣象，而是：《易傳》所說的『憂患』意識。……所以『憂患意識』，乃人類精神開始直接對事物發生責任感的表現，也即是精神上開始有了人地自覺的表現。」參徐復觀著：《中國人性論史——先秦篇》（臺北：臺灣商務印書館，1969 年），頁 20-21。

也是「和」義涵之效應作用於儒家思想之所以可能的契機。

　　根據張灝在《幽暗意識與民主傳統》一書中所言:「所謂幽暗意識是發自對人性中與生俱來的陰暗面和人類社會中根深柢固的黑暗勢力的正視和警惕。」〔註9〕簡而言之,幽暗意識乃是一種意念,有意識地呈現出社會秩序崩亂、罪惡、墮落及人性中既隱且微的一面,但它同時又是正面的警示與提醒,所以透過這樣的一個命題,我們除了可以洞見幽暗意識的萌生,同時也可見種種積極的回應方式。

　　以「幽暗意識」來指涉孔子所面對之禮崩樂壞的環境,當然是一種後設的詮說,然「幽暗意識」的本質並非只在洞見環境的崩壞,除了對人性、社會環境等幽暗面的反省之外,還順勢產生對治的內在動力。故以孔子所面對的禮崩樂壞環境來說,所謂「禮崩樂壞」,是整個社會秩序的崩壞,因此孔子在面對這個問題時,於實際對治方式上,勢必是以重建社會秩序作為首要目標;然值得注意的是,禮崩樂壞所帶來的問題,不僅僅是現實面的失序,包括文化精神層面的混亂,亦是儒家正視的問題,故如何透過個人內心的修養,以生命境界的提升,來推擴而為「齊家、治國、平天下」的理想,乃成為整個儒家思想最終極的關注點。總括來說,不管是現實社會的失序,或是文化精神層面的混亂,皆可攝為一「不和」的歷史文化情境,相對而言,孔子或整個儒家思想所欲重建的,是一個「和」的文化、生命氛圍,由「不和」到「和」所呈現的不僅僅是一種心理狀態,更是儒家思想精神的具體落實。大環境的「不和」,自然而然使人產生對「和」的憧憬與盼望。在孔子的認知中,未必自覺地將「和」視為首要努力的目標,但「和」的概念在外在環境及崩壞的文化內容發酵下,乃自然地透過儒家思想及學說獲得闡發。先秦諸子在面對時代動亂的課題時,自然表現出追求「和諧」的共感,然在「和諧」的追求與達成上,由於各家思想內容之相異,而產生不同的偏向與訴求。就儒家思想而言,由於孔子並未自覺地提出「和」作為改革的目標,因此其求「和」的心態乃轉而化入儒家各學說之中,特別是在「人文化成」及「禮樂」兩大部分,「人文化成」包括了性善論的建立及君子的養成,「禮樂」則於本質及內容上求「和」。

　　再論孟子,孟子所處的戰國時代,雖然亦面臨道德價值、時代精神的墮落,然已不同於孔子所面對「周文疲弊」的課題。周代禮樂的崩壞,諸子思

〔註9〕　參張灝著:《幽暗意識與民主傳統》(臺北:聯經出版事業公司,1989年),頁4。

想首當其衝，然社會上畢竟還瀰漫著「郁郁周文」所代表的文化精神可供依循，故孔子一方面力圖重建周代的文化理想，一方面又於儒家思想內容中填充新的血肉，由此而開發出體證仁體、成就德性之可能。事實上，就是建立一個「踐仁成聖」的範型，作爲主體生命精神圓滿達成的最高象徵。孟子則不然，孟子所面對的時代課題已不再是「周文疲弊」的重振，而是繼承孔子在儒家思想中所灌注的理想與精神，故孟子所採取的途徑必要積極許多，才能兼負起時代使命，發顯生命的光輝。《孟子・滕文公下》有云：

> 昔者禹抑洪水，而天下平；周公兼夷狄，驅猛獸，而百姓寧；孔子
> 成春秋，而亂臣賊子懼。……我亦欲正人心，息邪說，距詖行，放
> 淫辭，以承三聖者。豈好辯哉？予不得已也！能言距楊墨者，聖人
> 之徒也。〔註10〕

孟子思想的基源，來自於「正人心，息邪說，距詖行，放淫辭」的時代使命，並由此而開出「先立其大」、「存養、擴充」的德性工夫，因此在其思想內部，「和」並不是最主要的中心思想，故單求儒家精神內部之「和」，對於孟子所處的時代意義來說並無太大的助益，也因此整部《孟子》中有關「和」的論述更是少之又少，然由時代使命的推移及孟子對孔子思想的承繼性來看，蔡仁厚言：

> 孔子「通體是文化生命，滿腔是文化理想，轉化而爲通體是德慧」，
> 他的表現有如太和元氣，瀰淪圓融，渾無罅縫，所以孔子的生命沒
> 有破裂，亦無須乎破裂。但孟子則不同，戰國的時代精神是一種盡
> 物力的精神，孟子要面對時代而重新肯定文化理想，就必然地要否
> 定這種「盡物力的精神」。由於這一步否定而顯出一個破裂，同時亦
> 在此破裂處而透顯一個絕對主體性。……只有通過破裂，精神主體
> 始能彰顯。〔註11〕

因著時代課題的不同，孔、孟所表現出來的思想情態亦有所不同，一如蔡仁厚所言，孔子是「瀰淪圓融，渾無罅縫」，而孟子則由生命的破裂處彰顯出精神主體的光輝，故孟子的思想即在孔子的文化理想上開出主體精神的表現，而儒家思想究極精神的完成，亦有賴於孟子道德精神主體的推擴。

孟子對於儒家思想的貢獻，最重要的是在孔子「性相近，習相遠」、「其

〔註10〕 參（漢）趙岐注，（宋）孫奭疏：《孟子正義》（臺北：藝文印書館，重刊宋本
十三經注疏，2001 年），頁 118。
〔註11〕 參蔡仁厚著：《孔孟荀哲學》（臺北：學生書局，1999 年），頁 189。

心三月不違仁」的心性基本問題論述上，建立起心性之學的義理架構，故陸象山言：

> 夫子以仁發明斯道，其言渾無罅縫。孟子十字打開，更無隱遁。蓋時不同也。〔註12〕

孔子的渾圓氣象，有賴孟子精神理路表現的彰顯，然孟子於此順勢承繼的，除了孔子之「仁」，尚包括一切爲「仁」之內在根據的道德質素，如「禮」、「義」等「攝禮歸仁」、「攝義歸仁」的命題，而所謂「渾無罅縫」、「更無隱遁」，除了展現「仁」境之絕對圓融、徹裡徹外之效應外，更是主體生命具體落實「仁」時，生命精神與道德精神渾合爲一的情態，這種生命與道德的契合，是「致仁」時自然透顯的情境，一如孔子所言：「我欲仁，斯仁至矣！」〔註13〕欲仁即仁的當下，除了「仁」體的展現之外，包括主體精神、生命、道德的和諧統一，故孟子雖然以激烈的言論來抑邪說、振儒學，然其「破裂」，實則在成全儒家思想更精要之處，且最終以其「破裂」來符應孔子「瀰淪圓融，渾無罅縫」的學說精神。由此看來，雖然孟子之學的時代環境不同於孔子所面對的時代課題，然思想主張的內在精神，仍隱隱然傾向於儒家思想的根源，且試圖創造文化、道德、社會、政治等範疇之理序與和諧，既是如此，以一「和」字來統括之應不爲過。此處之「和」，並未具形上的本體論義涵，只是就歷史經驗及時代衝擊來進行觀察，「和」乃順勢成爲孔、孟思想體系中的當然質素，持續對儒家思想中的「中庸」及「中和」哲學產生影響。故孟子學說中除了心性之學的義理建構之外，再如仁政王道的政治理想也推擴出「人倫」之和的觀念，這無庸置疑都是正視時代課題所開顯的思想精神。

第二節　儒家思想、學說內在義涵探索

壹、「和爲貴」的指導原則

《論語·學而》：

> 禮之用，和爲貴，先王之道斯爲美，小大由之。有所不行，知和而和。不以禮節之，亦不可行也。〔註14〕

〔註12〕參（明）王宗沐編：《陸象山全集》（臺北：世界書局，1966年），頁253。
〔註13〕參《論語注疏》，頁64。
〔註14〕同前註，頁8。

〈學而〉篇中的這段記載，是討論儒家思想中的「和」，甚至是儒家美學相當重要的一段文獻，重點置於「知」與「行」的焦點上。所謂「知」，即是「知和」；而「行」，則是「行禮」之方。也即是說，因欲「致和」，立下規範則爲「禮」；「禮」之「中」、「正」爲「致和」的重要關鍵，因此有荀子〈禮論〉中攸關「禮」的具體陳說，作爲「繩墨」、規範的角色；而換個角度來說，「和」則爲「禮」所發揮的效用。李澤厚即言：

> 「先王之道」之所以「美」，就在於通過「禮」的作用使社會達到了
> 和諧統一。而這種和諧統一的實現，也就是「中庸」原則的實現。
> 〔註15〕

由李澤厚的論述中可歸納出一「先王之道」實現的歷程，即：「禮→和諧——『先王之道』的美——中庸原則之實現」。也就是說，「先王之道」的美與中庸原則之實現，實際上皆以「和」爲最高表徵。依此而言，「和」在以「中庸」爲主的審美判斷中，具有絕對的領屬性地位，而要素之一的「中」，則納入「禮」之「節」，成爲「和」之得以「行」的內在根源意義。李澤厚又言：

> 孔子的「中庸」原則是要求在保存原始民主和人道的溫情脈脈的氏
> 族體制下進行階級統治。〔註16〕

及：

> 「中庸」原則的實現，使社會生活中各種互相矛盾的事物和諧統一
> 起來，是政治學最高表現……。〔註17〕

在李澤厚的認知中，「中庸」的實現除了與「先王之道」之美產生聯繫之外，似乎尚包括社會、政治的理想表現，因此以「中」爲內在根源意義及指導原則，配合「禮」之「節」，進而成其「用」爲「和」，乃成爲「中庸」實現的主要進路。故當李澤厚提出：

> 「中庸」是「孔子文、質統一的審美觀及其美學批評的尺度。」
> 〔註18〕

就其內在意義言，「文、質統一的審美觀及其美學批評的尺度」是「中」、「和」的個別義與互成義相互作用的結果，然此審美觀及美學批評的展現則是以

〔註15〕參李澤厚、劉綱紀主編：《中國美學史》（臺北：漢京文化事業有限公司，1986年），頁174。
〔註16〕同前註，頁172。
〔註17〕同前註，頁173。
〔註18〕同前註，頁158。

「中」爲「體」、以「和」爲「用」的具體呈現。也就是說，「和爲貴」不僅僅適用於「禮之用」，甚而是儒家審美觀及美學批評的積極展現，此可視爲「和」義涵在審美批評上效用的一大躍進，亦是「和」在「前導性義涵」之後概念之轉變。

除了李澤厚等近代學者的說法，清代劉寶楠《正義》於此亦有言：

> 此章言禮樂爲用相須乃美。「禮之用，和爲貴」者，和，謂樂也。樂主和同，故謂樂爲和。〔註19〕

如果如劉寶楠所論，「禮之用，和爲貴」之「和」所指爲「樂」，則「和」之所指最有可能是一「存有秩序美」，是透過禮、樂相濟相成所發顯的「和同」境界，而非「禮」的具體作用。顏崑陽於其著作中提到：

> 此一美（指「和」的「存有秩序美」），就主觀方面而言，乃是精神性的感受，而不是官能性的感受，是與存在和諧秩序同質具現的經驗。周代文化的『禮』，就其節文而言，是個體價值行爲的形式規範。而就其內在的性質及由此性質所具備之功用而言，即是「和」，即是存在的秩序性。〔註20〕

顏崑陽所認定的「和」，除了扮演「禮」的本質與功用，尚是「存在秩序性」的具體表現。主體所領受的，並非實質可見、可聞的官能感受，而是精神性的經驗認知，這種說法確是較李澤厚、陳鼓應等人的論述更爲精確，也順勢提升了「和」的辯證性精神，及其與「禮」間的體用關係。因爲如果說「和」的領受，是一種先於感官的經驗，則伴隨著「禮」的確立，「和」的先驗角色亦將相對被承認，如此一來，孔子在對治「周文疲弊」課題時所建構的禮節儀文，隨著「禮」之內在精神及和諧秩序的確立，「和」的經驗認知亦同時成立，唯待「禮」之秩序的展現來揭示「和」之秩序性及美感。

而既然「和」是「與存在和諧秩序同質具現的經驗」，顏崑陽又直揭：

> 在這種「和」的存有秩序中，個體生命獲致一種不受壓迫、侵奪與消滅的和諧感，這種和諧的秩序以及感受就是「美」，我們可以稱之爲「存有秩序美」。〔註21〕

〔註19〕參《論語注疏》，頁8。
〔註20〕參顏崑陽撰〈論先秦儒家美學的中心觀念及其衍生意義〉，收入於淡江大學中國文學研究所主編：《文學與美學・第三冊》（臺北：文史哲出版社，1992年），頁411。
〔註21〕同前註。

「美」，不僅僅只是主體官能經驗作用於客體物質表象的結果，尚是理想價值的肯定，故「和」透過價值存有的本質來表現和諧秩序的美感，也才使得儒家審美觀及美學批評得以充分而圓滿的展現。

再言：「知和而和，不以禮節之，亦不可行也。」儒家既然也承認「和」的功能性及其所能發顯、影響的美感境界，故言「先王之道」之所以「美」，即在於「和」之涵容及和諧氣氛，然「和」若脫離了禮節的制約，是無法行之於世，產生好的作用的。「知和」，具有普遍性的經驗意義，不分君子或小人皆得以先於感官而致知，然如何「致和」，就會因爲君子與小人「知禮」、「不知禮」的差別而有所落差。畢竟在「中庸」的大原則下求「和爲貴」的絕對義涵，仍須以「禮」與「中」作爲「和」展現的背後根據，如此方能確保屬於精神性認知之「和」，無流於氾濫無羈之虞，在儒家審美觀及美學批評上確實產生效用。

貳、君子之「和」

《論語・子路》：

> 君子和而不同，小人同而不和。〔註22〕

〈子路〉此章，是《論語》中孔子使用「和」義涵發表論述的唯一一條資料。何晏注曰：「君子心和，然其所見各異，故曰不同。小人所嗜好者同，然各爭利，故曰不和。」〔註23〕關於「和」與「同」的討論，在孔子之前就有史伯、晏嬰的一連串論述，晏嬰甚至以「和」能使不同事物相成相濟的含意，引申而爲「可」與「否」的相互統一，提出言論開放的主張〔註24〕。在史伯、晏

〔註22〕 參《論語注疏》，頁119。

〔註23〕 同前註。

〔註24〕 《左傳》昭公二十年，晏嬰關於「和」的言論云：齊侯至自田，晏子侍於遄台，子猶馳而造焉。公曰：「唯據與我和夫！」晏子對曰：「據亦同也，焉得爲和？」公曰：「和與同異乎？」對曰：「異。如和羹焉，水、火、醯、醢、鹽、梅以烹魚肉，燀之以薪。宰夫和之，齊之以味，濟其不及，以泄其過。君子食之，以平其心。君臣亦然，君所謂可，而有否焉，臣獻其否，以成其可。君所謂否，而有可焉，臣獻其可，以去其否。是以正平而不干，民無爭心。……今據不然，君所謂可，據亦曰可；君所謂否，據亦曰否。若以水濟水，誰能食之？若琴瑟之專一，誰能聽之？同之不可也如是。」在這裡，「和」指不同事物的相成相濟，引申而指「可」與「否」的相互統一並由此主張意見、言論的開放，在政治上可能產生的優點。以上參（晉）杜預注，（唐）孔穎達疏：《春秋左傳正義》（臺北：藝文印書館，重刊宋本十三經注疏，2001年），頁858－861。

嬰的說法中，「和」與「同」的差異只在於「和」的高度辯證生命力，能在諸多不同的事物中求其均衡、協調之「和」；而「同」則因為內在本質的相同，相對失去辯證的根據，無法產生相成相濟的效果。在這樣的說法中，主要是以「和」、「同」所能產生的效力來進行評斷，並未賦予「和」、「同」以強烈的道德內容。不過，就何晏注而論，「和」與「同」已經具有「道德」因素的價值判斷在內，朱子《四書集注》亦隨之言：「和者，無乖戾之心。同者，有阿比之意。尹氏曰：『君子尚義，故有不同。小人尚利，安得而和？』」〔註25〕在朱子所引尹氏之言中，把「義」與「和」進行連結，並以「利」作為小人之所以「同而不和」的內在原因，如同〈里仁〉中孔子之所言：

> 君子喻於義，小人喻於利。〔註26〕

劉寶楠《正義》言：「此章明君子小人所曉不同也。喻，曉也。君子既曉於仁義，小人則曉於財利。」〔註27〕由此或可推論，君子之所以能「和」，背後的根源意義乃落於「義」；而小人之「同」，則因其看重財利，旁落內心道德的修養所致。故孔子時時強調「義」之為行事根據的合理性與普遍合宜性。如〈里仁〉：

> 君子之於天下也，無適也，無莫也，義之與比。〔註28〕

即在強調「義」為君子行事接物的根據。而王夫之於此亦言：

> 君子以義為尚，所與共事功者，皆君子也。事無所爭，情無所猜，心志孚而坦然共適，和也。若夫析事理於毫芒，而各欲行其所是，非必一唱眾和而無辨者也，不同也。即不幸而與小人共處焉，亦獨行己志，不同而已，未嘗挾忿戾以自傷其和平之度也。小人以利為趨，所與相議論者小人也，以權相附，以黨相依，依阿行而聚謀不遑，同也。乃其挾己私之各異，而陰圖以相傾，則有含忌蓄疑而難平者也，不和也。〔註29〕

除了劉寶楠《正義》的說法，王夫之亦隨之將「義」視之為「君子之和」的重要根據，而「利」則為「小人之同」的財利追逐，再加上朱子同時亦把「同」

〔註25〕 參（宋）朱熹著：《四書章句集注》，（濟南：齊魯書社，1996年），頁135。

〔註26〕 參《論語注疏》，頁37。

〔註27〕 同前註。

〔註28〕 同前註。

〔註29〕 參（明）王夫之著：《四書訓義》，收入於《船山全書》第七冊（長沙：嶽麓書社，1998年），頁759。

歸於「阿比」之意，在在揭示「和」由「前導性義涵」進入到儒家思想中使用後，已相對於「同」產生了道德判斷上優劣的分別。此可視爲「和」之「前導性義涵」進入到儒家思想體系中意義上之又一變。

　　雖然《論語》中的紀錄，孔子對「和」的議論僅有一則，要以義涵量化的結果爲佐證來揭示孔子心中確實之「和」義，難免有材料上的拘限。然就〈子路〉「和而不同」一章審視之，之所以有「同而不和」、「和而不同」的說法，主要還是來自於孔子對「君子」與「小人」之所以不同的評述，若就這方面的材料來進行檢視，或有可與「和而不同」一章互爲發凡者。如〈子路〉：

> 君子易事而難說乎；說之不以道，不說也；及其使人也，器之。小
> 人難事而易說也；說之雖不以道，說也；及其使人也，求備焉。
>
> 〔註30〕

此章亦在討論君子與小人之不同處。《正義》曰：「君子易事而難說也者，言君子不責備於一人，故易事。不受妄說，故難說也。……君子有正德，若人說已不以道而妄說，則不喜說也，是以難說。度人才器而官之，不責備，故易事。……」〔註31〕以君子之「易事」而言，是因君子度人才器而官之，各適其位，故不責備於一人，其心是「公而恕」的，故以「易事」；而君子之「難說」，乃是因君子皆循理而行，故其心安舒而不矜肆，不需假外在之惡佞來取悅。關於此說法，王夫之於《論語・子路》「君子泰而不驕，小人驕而不泰」一則之訓義內容可與之相佐：

> 君子循理而無求，小人循欲而不厭，其居心欲，而氣象之見於容貌
> 詞氣者亦別焉。……而泰者不驕，驕者不泰，則望其氣象，而知其
> 心量之殊矣。……故君子小人望而知之，而泰以致和，驕以召禍，
> 亦其所必至矣。〔註32〕

就王夫之的說法，君子循理而行，則生命自然展現出泰然之和氣，而「循理」與「循道」無二。換句話說，若就「和而不同」一章據以衍申，君子之「易事難說」所展現的道德意識與生命氣度，即爲孔子所言之「泰」，而「泰」足以致和。君子既無乖戾之心，尚義而行，凡行事皆有一定的準則，不若小

〔註30〕參《論語注疏》，頁119。
〔註31〕同前註，頁119。
〔註32〕參王夫之：《四書訓義》（上），頁763。

人之「難養也！近之則不孫，遠之則怨。」〔註33〕與眾人間有良好合宜的互動，除了是「易事」，也是平和氣度的展現，而不以「道」悅之，君子亦不悅，則表明君子以「道」自持的「不同」之心。在此君子之「易事」、「難說」，是以「道」爲根源意義的追求，故成爲君子行事之準則。亦即言，「道」的根源意義也同時存在於「和」的義涵之中，與「義」同時對「和」的發用產生影響。

再者，除了〈子路〉之外，〈爲政〉中亦有一章意近同於君子「和而不同」之論，即：

> 君子周而不比，小人比而不周。〔註34〕

朱子《集注》曰：「『周』，普遍也。『比』，偏黨也。皆與人親厚之意，但『周』公而『比』私耳。君子小人所爲不同，如陰陽晝夜，每每相反。然究其所以分，則在公私之際，毫釐之差耳。故聖人於周比、和同、驕泰之屬，常對舉而互言之，欲學者察乎兩間而審其取舍之幾也。」〔註35〕由朱子之所言，更可見在「和同」、「泰驕」、「周比」之間確實呈現著道德判斷上的落差，故君子小人之所爲，乃如陰陽晝夜之兩極。

「和同」、「泰驕」、「周比」三則，雖都是提舉一組相反的概念來呈現君子與小人的不同，然這當中還是可區分爲：「和」之尙義、「泰」之循理、「周」之廣仁來進行討論。「和」之尙義與「泰」之循理間的相互關涉，前文已多作說明，此處將以「周」之廣仁爲立論重點來進行討論，揭示此三者的互成關係。

首先就訓義上來進行考察，推究「和」、「泰」、「周」的共同根源。以朱子《集注》爲據，其言：「和」者，無乖戾之心；「泰」則爲氣象安舒；至於「周」，則爲普遍之意。在這幾則訓義中，「和」之「無乖戾之心」指涉的是「心」的內容；「泰」是因「居心」之異，所呈現氣象之安舒而不矜肆；「周」則是用情之普遍，施愛敬於天下，所謂「情動於中」，自然與「心」之動向有關，而再究極論之，「和」、「泰」、「周」乃皆是「心」之作用於「義」、「理」、「仁」的結果。雖然孔子對於心性的討論尙未構建出完整的論述體系，然以孟子推擴而成的儒家心性之學義理架構而論孔子之「心、性」觀，當自有「善」

〔註33〕 參《論語注疏》，頁 159。
〔註34〕 同前註，頁 18。
〔註35〕 參朱熹：《四書章句集注》，頁 14。

的內在根據存在，故「心」之作用在「義」、「理」、「仁」上，再進一步發動而為「和」、「泰」、「周」等君子之德乃成為可能，且「義」、「理」、「仁」與「和」、「泰」、「周」之間所呈現的是一種彼此完成、互相成全的交互關係，而非割裂之道德與表現狀態的單向投射。

以「周」之「廣仁」來說，王夫之有言：

> 辨君子小人用情之別，以使天下之自正其情，而示受恩禮於人者，必知其人而無妄交也，曰：「人與人相接，而情有所必用也。君子無所施愛敬於天下，則無以廣君子之仁，小人無所施納結於天下，則無以濟小人之惡。〔註36〕

君子無私，施用其情為普遍之仁。儒家之「仁」，可說是孔子畢生追求的最高理境，在後世學者的延展詮說下，「仁」的概念外延不斷擴大，除了個體生命的安頓之外，個體與個體間、個體與萬物自然間，甚至是個體與「天」之間，皆籠罩在「仁」的概念義涵之下。儒家之「仁」是充塞於宇宙或天地間的大義，故周濂溪有所謂「窗前草不除，足以見天地之生意」；程明道之「觀雛雞，可以觀仁」；王陽明言「大人之能以天地萬物為一體，非意之也；其心之仁本若是其與天地萬物而為一也」。然「仁」的義涵在儒家思想中的作用，實際上包含了兩種不同的概念層次：一是「仁」之「用」；另一則是「仁」之「境」。就大方向來說，「仁」統攝了儒家的整體生命理境，是主體人格所發散從容優遊的生命情態。而「周」之廣仁義涵，應當是以「愛人」等具體展現為主的闡釋，是一由「仁」之「用」靠近「仁」境的過程。

有關「仁」的定義，孔子在《論語》中多有表示，有回答弟子問「仁」時所作的回應，亦包括孔子個人自發性的論「仁」之語，總此云云，蔡仁厚就孔子言仁之義統整出一綜括涵意，這些涵意包含：「仁」是道德之根、價值之源；是全德之名；是真實生命；是人格發展的最高境界；「踐仁」，總括主、客觀精神，並透顯絕對精神。〔註37〕蔡仁厚所作孔子言「仁」之意的義涵統

〔註36〕參王夫之：《四書訓義》（上），頁300。

〔註37〕所謂「主觀精神」，即「成德性、成仁者、成聖人」的反身自求過程；而「客觀精神」，則代表「己立立人、己達達人，修己以安百姓，皆表示由主觀面通向客觀面，聯屬家國天下而為一體」；至於「絕對精神」，就蔡仁厚的說法乃為「下學而上達、踐仁以知天，以臻於天人合德、與物無對之境界」。以上參蔡仁厚著：《孔孟荀哲學》，頁74～75。

整已相當詳細，此處不再贅論。《論語》中所提到的「仁」，雖然概念層級不一，包含「仁」境與「仁」之「用」，然透過文獻紀錄可以確定的是，孔子所認為的「仁」確實是內在於人之本心的，故其言：「仁遠乎哉？我欲仁，斯仁至矣。」又如：「為仁由己。」也就是孟子所補充的：「仁義禮智根於心……。」「仁」之根於本心使得「仁」之遣用具有足夠的辯證力及動力。以「踐仁」來說，所謂「踐仁」，一如蔡仁厚所言，主要是「在於以有限的生命創造無限的價值」〔註38〕，故「仁」的實現必歸屬於主體生命對「仁」的認知，而仁乃由理性開出，故顏淵問「仁」，孔子回應曰：

> 克己復禮為仁。一日克己復禮，天下歸仁焉。為仁由己，而由人乎哉！〔註39〕

就孔子的認知，「仁」普遍存在於主體生命之中，故其言「克己復禮」為「仁」，而由此亦可進一步呈現「仁」與「禮」間的相互作用關係。

再就個人而言，主體透過「踐仁」的進程，以有限的生命創造無限的價值，此即「一己之踐仁」，輔以「禮」的相用，提供了符合儒家思想精神的行事準則。所謂「踐仁成德」，成德的最高境界即是「聖」，而儒學內聖人格之圓融理境，即是儒家人格美追求的極致義涵。「仁」之「踐行」與「禮」之「用」在主體的生命情境中相互作用轉化，此時主體精神所呈現的，早已不是「仁」、「禮」等個別作用所能完成，而是二者內外交養、理事互成後最透徹的發揮，是從容涵德、優遊涵泳的聖人氣度，這樣的聖人氣度，著實是「和順積中、英華發外」的溫和潤澤之貌，亦是儒家理想人格境界的完成。

「仁」、「禮」相互作用後所展現「和順積中、英華發外」的溫和潤澤之貌，實際上就是「和」與「泰」的共同展現，而「仁」、「禮」、「義」、「理」的交相作用，亦構成「和」、「泰」、「周」的君子美德與道德美感，故「君子和而不同」的論述，並不僅是「和」的個別作用，在孔子認知的君子之「和」一項中，應包括了更大外延的「仁」、「禮」、「義」、「理」等質素的作用，來共同展現儒家思想「內聖」的生命風貌。畢竟先秦儒家的成德之學，非是專於一端的講求，而是必須渾涵一切致德成聖的修養工夫，透過主體生命的融會、通徹，方能展現儒家思想中具體朗現的生命理型。

〔註38〕蔡仁厚著：《孔孟荀哲學》，頁70。
〔註39〕參《論語注疏》，頁106。

參、「人和」

《論語》、《孟子》中關於「人和」〔註40〕的論述，主要可分爲兩個面向來進行討論：一是「民心之和」，另一則爲「人倫之和」，而此二者之間，又有著微妙的牽引關係，完成儒家於人倫、政治上的終極理想。

《孟子‧公孫丑下》：

> 孟子曰：「天時不如地利，地利不如人和。三里之城，七里之郭，環而攻之而不勝。夫環而攻之，必有得天時者矣；然而不勝者，是天時不如地利也。城非不高也，池非不深也，兵革非不堅利也，米粟非不多也；委而去之，是地利不如人和也。故曰：域民不以封疆之界，固國不以山谿之險，威天下不以兵革之利；得道者多助，失道者寡助。寡助之至，親戚畔之；多助之至，天下順之。以天下之所順，攻親戚之所畔；故君子有不戰，戰必勝矣。」〔註41〕

《孟子》此章主要在以「天時不如地利，地利不如人和」一句，揭示要治得天下，唯有「得民心」才是王道。縱有再好的天時，再優的險谿地勢，若民心不和，則一切充分的防備亦將流於潰散，發揮不了實質上的作用。故得「人和」，即如得道，而「得道者多助」，最後終是「天下順之」。然在孟子的思想體系中，欲得民心除了認知到不應以「封疆」的強制手法來施行之外，在理想政治的環節上又當如何推行呢？此必歸於儒家政治理念中「人治」、「德治」的兩大傳統來進行思考。

所謂「人治」，是在位者必須以身作則、以身行道，成爲萬民的模範，例如《論語》中即言：「修己以安百姓」（〈憲問〉）、「上好禮，則民莫敢不敬」（〈子路〉）；又季康子問政，孔子曰：「政者正也，子帥以正，孰敢不正？」（〈顏淵〉），強調的皆是透過上位者之「正其身」，而後德傲一般百姓，則自然天下治平。故孟子於此亦有言：「君仁莫不仁，君義莫不義，君正莫不正，一正君而國定矣。」（〈離婁〉），又：「君子自守，修其身而天下平。」（〈盡心〉）相對於法

〔註40〕除了《論》、《孟》中對「人和」概念的闡發，《荀子》中對於「人和」一詞亦多所提及。如〈富國〉、〈正論〉中皆言：「上失天時，下失地利，中失人和。」所謂「人和」，其於〈王霸〉篇曾將之視爲：士大夫務節死制，百吏畏法循繩，商賈敦愨無詐，百工忠信而不楛，農夫朴力而寡能……等各安其位、百事不廢之貌。荀子對於「人和」的看法，實是入於孔、孟而又溢於孔、孟之説，頗有孔子「和無寡，安無傾」之遠意。

〔註41〕參《孟子正義》，頁 72。

家的「任法不任人」，儒家則採取「任人」為德治的原型，而儒家之「法」，亦不同於法家之嚴令峻法，改以孟子所謂「王政」、「仁政」、「不忍人之政」為要，以「仁」攝政，強調「民本」的觀念，故儒家政治須以民意為主，在位者必為民心之所歸，一如孟子於〈盡心〉強調：「得乎丘民而為天子。」失卻民意，即失去在上位之資格，所有人皆有權利予以推翻，最明顯的例子即如〈梁惠王〉中之所記：

> 齊宣王問曰：「湯放桀，武王伐紂，有諸？」孟子對曰：「於傳有之。」
> 曰：「臣弒其君，可乎？」曰：「賊仁者謂之賊，賊義者謂之殘，殘
> 賊之人謂之一夫。聞誅一夫紂矣，未聞弒君也。」〔註42〕

湯放桀、武王伐紂，孟子謂之誅「殘賊之人」，不以「弒君」來看待，正可與〈公孫丑下〉之「失道」者一併觀之，皆因民心之不和或失去民心而導致滅亡。中國傳統政治型態，除了《論》、《孟》中所強調的「人治」、「德治」主張之外，其他如《左傳》：「子為大政，將酌於民者也。」（成公六年）；「（民）其所善者吾則行之，其所惡者吾則改之。」（襄公三十二年）又如《尚書‧盤庚》：「朕及篤敬，恭承民命。」、《周語》：「成王不敢康，敬百姓也。」總此云云，可見得中國早期政治型態中，早已意識到「民心」之所向對政治可能產生的影響，而孟子予以概括之，除提出「民為貴，社稷次之，君為輕」（〈盡心下〉）的民本主張之外，更以「人和」作為「民心之和」的總括，成為儒家德政之根源。

以「民心之和」進一步順治天下，是孟子政治理念中的重要觀點，然是否天下大治、民意歸順，就已臻至孟子思想中的最高理想呢？《孟子‧離婁上》論及舜與瞽瞍一事有言：

> 天下大悅而將歸己。視天下悅而歸己，猶草芥也，惟舜為然。不得
> 乎親，不可以為人；不順乎親，不可以為子。舜盡事親之道而瞽瞍
> 底豫，瞽瞍底豫而天下化，瞽瞍底豫而天下之為父子者定，此之謂
> 大孝。〔註43〕

「天下大悅而歸己」，可視為孟子政治理想中仁政徹底實現的結果，然當「事親之道」與「天下大悅而歸己」相互對顯時，舜之選擇「親親」則進一步深化了儒家思想中「人」之為「人」的價值所在。一如吳冠宏於其著作中云：

〔註42〕 參《孟子正義》，頁42。
〔註43〕 同前註，頁137。

> 就舜而言，他永遠懷有愛的包容，在他的憂慕之情中便存有一體之
> 仁與無限向善的力道，如果再究其憂慕之情何以能如此，則可說孟
> 子實是以舜之孝弟親情來發顯人心之本源，即爲人之性善的大本大
> 根所在。〔註44〕

將舜之孝弟親情歸入於「性善」之本源，除了呈現孟子思想之究極，再由此觀之，舜之擇於「事親」而捨天下，正是儒家一體成仁的具現，而舜之抉擇更順勢揭示出政治上的「民心之和」，其實是以「親親」之「人倫之和」爲依據。不管是「民心之和」或「人倫之和」，最核心的經驗皆是來自於人性之「善」的透顯，有了「善」的主導，則「和」的一切發動皆在合理的範圍之中，鮮有陷溺於「惡」的危機。即便是小人之「知和而和，不以禮節之」，亦只是「和」在理境呈現上的程度問題。也就是說，「和」以「性善」爲發動根據，出發點之良善已不容置疑，可能造成落差的，是在「和」發動之後的操持、修養工夫。君子以「禮」致和，自然不致流於肆恣，更經由「禮」之「節」而透顯「和」的最高理境；反觀小人，只是操持「和」，卻不知要以其他道德工夫來加以輔佐、成全，如此一來，雖「和」之出發點爲良善，未加琢磨的結果，「和」只是在「性善」觀點統攝下的平面概念，無法發揮深廣的作用。儒家學說是一門「人」的學問，故所有思想的發顯必即於主體而展現，所謂「修身、齊家、治國、平天下」的歷程，即可視爲孔、孟思想中「和」由「君子之和→以和爲貴→民心之和、人倫之和」遞現的結果。而即於主體生命的朗現而言，最終仍必以「君子之和」及「人倫之和」的貫徹爲要，再以主體生命的光輝推擴而爲家國、天下安定之道。《論語‧季氏》中孔子與冉有、季路討論到魯卿季氏專恣征伐顓臾一事，有所謂「蓋均無貧，和無寡，安無傾」〔註 45〕的言論，其中之「和」，乃指人民上下相安、和諧相處。要能夠「上下相安」，則勢必不離儒家傳統的人倫關係。孟子曰：「教以人倫，父子有親，君臣有義，夫婦有別，長幼有序，朋友有信。」〔註 46〕「五倫」雖各自有別，然皆可通攝爲人生之常理，周紹賢《孔孟要義》一書中即云：

> 由父母之愛，推而及於人群之愛；由家庭之愛，推而及於社會之愛；

〔註44〕參吳冠宏著：《聖賢典型的儒道義蘊試詮》（臺北：里仁書局，2000 年），頁 78。

〔註45〕參《論語注疏》，頁 146。

〔註46〕參《孟子正義》，頁 98。

由內而外，由親及疏，「老吾老以及人之老，幼吾幼以及人之幼」。

人類互重互愛之德，由倫理發揚而成，社會良好之秩序，由倫理關
係而建立。……上下同道，人人各盡其倫理之誼，即可釀成博愛之
風，……故孟子曰：「人人親其親，長其長，而天下平。」〔註47〕

由此言說故可知，孟子所指「天下平」之前提，除了前文所言「人和」之「民
心之和」，還須包括人倫相處、上下和諧的「人倫之和」。「人倫之和」是以「親
親」爲本，然其究極目標則在推擴「仁民愛物」之更大外延意義，而成「親
親、仁民、愛物」三者的動態關係，也就是主體與群體、主體與客體間的一
體之感。

以「親親」爲根據，推擴仁民愛物之於仁政、聖王的肯定，除了是孟子思
想中的最高理想，更可見得孟子政治主張背後所欲揭示的倫理關係與人倫精
神。儒家思想之精要處，即在日用人倫之間，以一己之親推擴而爲天下之仁，
成全符合正道的善政，即因爲如此，孟子「天時不如地利，地利不如人和」的
論述，雖就政治範疇來對「人和」進行討論，強調「民心之和」的重要性，然
孟子思想體大思精，家國社會全體的完成，必須回歸至主體性善之情存養的根
源意義來進行探究，並經由「親親、仁民、愛物」的歷程推擴而爲主體與家庭
倫理間的依存關係，故「天下大悅而歸之」的「民心之和」，必端賴「人倫之
和」及主體「一體之仁」的交互浸潤、感染乃可得。故孟子之「人和」，雖即
政治而論，然卻是儒家思想中「善性」、「倫常」、「仁體」、「情感」交相融會而
發的政治指導原則，包含「民心之和」與「人倫之和」的立體關係。

肆、聖之「和」者的道德評價

在《論》、《孟》關於「和」的討論中，除了前揭文中提到君子之「和」、
「人和」或以「和」爲貴的指導原則之外，尚有孟子針對柳下惠而發的評論。
本節亟欲以柳下惠之「和」，來剝解孟子寄託於此中的道德判斷依據，以明析
「聖之和者」的內在道德評價，《孟子・萬章下》：

伯夷，聖之清者也；伊尹，聖之任者也；柳下惠，聖之和者也；孔
子，聖之時者也。〔註48〕

「清」、「任」、「和」、「時」爲孟子所認定的四個聖人類型，而「時」是「清」、

〔註47〕 參周紹賢著：《孔孟要義》（臺北：臺灣中華書局，1979 年），頁 261。
〔註48〕 參《孟子正義》，頁 176。

「任」、「和」三者的融會究極。在孟子的認知中，所謂「聖」者，其於《孟子·盡心下》有言：

> 可欲之謂善，有諸己之謂信，充實之謂美，充實而有光輝之謂大，
> 大而化之之謂聖，聖而不可知之之謂神。〔註49〕

所謂「聖」者，如孟子所言是既充實又有光輝且無待於勉強者，故朱子《集注》中引張子之言而曰：「無所雜者清之極，無所異者和之極。勉而清，非聖人之清；勉而和，非聖人之和。所謂聖者，不勉不思而至焉者也。」〔註50〕歷來注解中，少有單獨對「和」字進行訓解的資料。孟子以「聖之和者」稱指柳下惠，雖不若稱孔子之「時」者而集大成，然亦寄託相當之道德評價於其中，畢竟伯夷、伊尹、柳下惠三人與孔子並稱爲「聖者」，在歷史評價上已相當地難能可貴，特別是儒家思想所重所求處，若非生命氣象之徹底展現，欲稱之爲「聖者」亦不可得。柳下惠之德，在儒家的道德認知中雖終究落於一偏，無法如孔子般，在「仕」、「止」、「久」、「速」間各當其可，甚而在孟子的觀念中，柳下惠的生命高度與孔子相較可能仍有落差，然其「不勉而和」的生命情態，仍經由史傳的記載保留下來，成爲孟子口中的「百世之師」。

關於柳下惠接人處事之紀錄，《論語·微子》有云：

> 柳下惠爲士師，三黜。人曰：「子未可以去乎？」曰：「直道而事人，
> 焉往而不三黜？枉道而事人，何必去父母之邦？」〔註51〕

又《孟子·萬章下》曾對柳下惠的形象作一概括的說明：

> 柳下惠，不羞污君，不辭小官。進不隱賢，必以其道。遺佚而不怨，
> 阨窮而不憫。與鄉人處，由由然不忍去也。「爾爲爾，我爲我，雖袒
> 裼裸裎於我側，爾焉能浼我哉！」故聞柳下惠之風者，鄙夫寬，薄
> 夫敦。〔註52〕

〈微子〉中可見者，爲柳下惠「直道而事人」的堅持，故王夫之言柳下惠曰：

> 惠之可直而不可枉，不易之介也。而必重言「父母之邦」，則君子之
> 仕，非但欲伸其道，而以義之不可逃者爲性之所安，故三黜而不去，
> 有合於聖人之道焉。〔註53〕

〔註49〕 參《孟子正義》，頁254。
〔註50〕 參朱熹：《四書章句集注》，頁142。
〔註51〕 參《論語注疏》，頁164。
〔註52〕 參《孟子正義》，頁176。
〔註53〕 參王夫之：《四書訓義》（上），頁939。

由王夫之對柳下惠爲人之評述，可知柳下惠具有如下兩個人格特質，分別爲：
「可直而不可枉」、「性安於義而伸其道」。「可直而不可枉」，是柳下惠擇善固
執之處，寧可遭三黜而不願絲毫枉道而行，故朱子亦評之曰：「柳下惠三黜不
去，而其辭氣雍容如此，可謂和矣。然其不能枉道之意，則有確乎其不可拔
者，是則所謂『必以其道』、『而不自失』焉者也。」〔註54〕；至於「性安於
義而伸其道」，則可見柳下惠以「義」爲「性」與「道」的內容，故義無反顧，
直事而不枉，也才能在「義」的正道之下——「不羞污君，不辭小官……遺
佚而不怨，阨窮而不憫」，卻無有可「浼」之者。

　　除了「義」的道德因素之外，《孟子・告子下》還提出了伯夷、伊尹、柳
下惠三子之共同所趨：

　　　　居下位，不以賢事不肖者，伯夷也；五就湯、五就桀者，伊尹也。
　　　　不汙君、不辭小官者，柳下惠也。三子者不同道，其趨一也。一者
　　　　何也？曰：仁也。君子亦仁而已矣，何必同？〔註55〕

所謂「君子」，雖出處之道有異，然其心中最終之趨向仍在以「道」踐仁而已
矣！故柳下惠之行止，皆因「仁」爲心之動向，乃發而爲「義」，進而爲其所
當爲，有儒家「攝義歸仁」之意。

　　綜觀《孟子》中對柳下惠的評價，除了稱其爲「聖之和者」，並贊其秉仁
行義的作爲之外，個人的操守、聖人對天下的影響亦考慮在列。《孟子・盡心
上》：

　　　　柳下惠不以三公異其介。〔註56〕

又〈盡心下〉：

　　　　聖人，百世之師也；伯夷、柳下惠是也。故聞伯夷之風者，頑夫廉，
　　　　懦夫有立志；聞柳下惠之風者，薄夫敦，鄙夫寬。奮乎百世之上，
　　　　百世之下，聞者莫不興起也。非聖人而能若是乎，而況於親炙之者
　　　　乎？〔註57〕

「不以三公異其介」，表達了柳下惠「和而不流」的操守，故其事得以流傳百
世，影響久遠，這即是聖人之風的草偃之效。而既然柳下惠之「和」，在儒家

〔註54〕參朱熹：《四書章句集注》，頁184。
〔註55〕參《孟子正義》，頁213。
〔註56〕同前註，頁239。
〔註57〕同前註，頁251。

思想中被賦予了「仁」、「義」等道德價值，則與《論語》中「君子和而不同」之「和」，有何義涵上的出入呢？

　　「君子和而不同」之「和」，雖與柳下惠之「和」一樣，背後皆隱含了道德意識的作用，然君子之「和」並不因特定對象而言，故依賴「仁」、「禮」、「義」、「理」等道德質素的成全，同時產生辨別是非善惡的能力，使君子處於「和」而不溺於「和」，所完成的是一放諸四海皆準的通則，內容與結果並不因人而異。換句話說，在儒家的理念中，君子之「和」與「不同」除了是君子個人行爲美德的表徵，尚扮演一指導原則的角色，顯示「和而不同」是成爲君子必備的人格特質之一。而柳下惠之「和」，孟子稱其爲「聖者」，這其中當然包含了相當高的道德評價，然此「和」是即於柳下惠而發的評述，故如王夫之所言：

> 就夷、惠以論夷、惠，表裡一也，始終一也，志無有不遂，行無有不成者。而就君子大公至正之理以論夷、惠，而更就君子立心制行以立作聖之基而擇善以從者言之，則伯夷隘矣……。柳下惠不恭矣：於物既有狎玩之心，於己亦失莊嚴之度。……柳下惠欲養其心之和，乃由乎其道，遂率意安心而趨於簡忽而爲不恭。〔註58〕

從柳下惠之「行」而論柳下惠其人，堪稱爲「聖之和者」。總歸前文所論，柳下惠之「和」表現在「遺佚而不怨，阨窮而不憫」時所展現的辭氣雍容之「適」，與擇善固執、堅持「不失其道」之「直」的相互作用下。一邊是偏激地固執不屈於枉道，一邊是不怨於阨窮、遺佚，既「偏激」又「不怨」，看似一組相反的情緒反應，然在「趨仁」、「義之與比」的內在內涵發酵下，乃融會此一組相反的情緒而爲「無所不適」的生命情態；也就因爲如此，柳下惠之「和」可以廣義之「隨和」來看待，「不羞污君，不辭小官」即爲其「隨和」的具體表現。若依王夫之所言，由柳下惠其行其人而稱其爲「聖之和者」可也，然就君子立心制行的宏觀性來看，柳下惠成就其自身生命之光輝爲「和」，執一端之善，其風足以使薄夫敦、鄙夫寬，而今日欲成君子者，卻不必然循其行跡以從事，《孟子·公孫丑上》即言：

> 伯夷隘，柳下惠不恭。隘與不恭，君子不由也。〔註59〕

因爲柳下惠之「和」，具有其生命精神的獨特展現，因此外延意義相對較「君

〔註58〕參王夫之：《四書訓義》（下），頁232。
〔註59〕參《孟子正義》，頁68。

子和而不同」之「和」狹窄，而柳下惠且執一端之善，「猶不能盡吾正己正物之大，而況乎其且不能爲惠而且同於俗」〔註60〕者也！

　　平心而論，柳下惠在儒家思想體系中，特別是孔、孟均給予相當高的評價。《論語‧衛靈公》中孔子即有云：

　　　　臧文仲，其竊位者與！知柳下惠之賢，而不與立也。〔註61〕

以柳下惠之賢，臧文仲知賢不舉、偷安於位，遭孔子批評爲「竊位」，由此可知柳下惠其人在孔子心目中，若非聖亦爲「賢」。而由孟子稱其爲「聖之和者」，足見在「和」的背後，其實蘊含有柳下惠個人獨特的生命精神，及儒者爲所當爲的堅持。其「和」俯仰於世，只要合於「直道」、合於「仁義」，則沒有什麼事情是一定不能作，也沒有什麼是非要不可的，頗類於孔子：「無適也，無莫也，義之與比」的概念。與「君子和而不同」相較，如果君子之「和」與「不同」可視爲完成君子之道的基本要求準則，則柳下惠之「和」即爲儒家實現君子之「和」的具體實踐與實際批評；君子之「和」與柳下惠之「和」，雖然有著概念外延大小及言說切入角度不同的差異，然皆響應了孔、孟思想中「和」義涵所蘊含的道德取向及評判標準，且由孟子對柳下惠「聖之和者」的評說，足見以「和」運用在人物批評上的可行性與效用。而將「和」實際運用在人物批評上，除了是「和」之「前導性義涵」中前所未見之創舉，更見「和」義涵於儒家思想中內涵之深化，及其應用範圍的積極擴大！

第三節　孟、荀「和」觀的對應──荀子之「和」與「正理平治」

　　「和」義涵於儒家思想中的具體表現爲「反身用和」，也就是「和」被納入禮、樂本質的一部份，再透過禮、樂的施行及推展，產生衍外功能意義；而「和」不僅僅以概念性之「和」的姿態呈現，在孟子的論述中，「和」亦是前提條件之一。就孟子的認知，除了「浩然之氣」，學者之心尙須是「上下與天地同流」、「萬物皆備於我」之心，要達到「上下與天地同流」、「萬物皆備於我」，「養氣」與「養心」是當然的進路之一。「養氣」與「養心」可以培養主體生命與天地萬物涵融爲一，然「養」的程度必須與天地、萬物達致一和

〔註60〕參王夫之：《四書訓義》（下），頁232。
〔註61〕參《論語注疏》，頁139。

諧、均衡的狀態，過與不及皆無法得致所謂「同流」與「皆備」，此時「和」便成爲人之形、氣、主體組構的前提，故楊儒賓於此有言：

> 儒家的氣可以上下其講，就經驗義而言，氣是氣質因，它是構成萬物的質料。就體証圓融義或就道體承體起用的創生義而言，儒家的氣實即代表本體作用之「神」。孟子說的浩然之氣當是心體的作用義，心體的作用義再往性體、道體提升，它就變成「妙萬物而言」的道體妙用之「神」了。〔註62〕

孟子所言之「氣」，實即代表了由心體往道體、性體提升的過程及基礎進路，藉著浩然之氣的流動與養成，達至「持志帥氣，配義與道，由自反而縮，反身而誠，中道而立，俯仰無愧，而顯爲泰山巖巖之大人氣象與舍我其誰之精神氣慨」〔註63〕，在主體生命情境與天地、萬物達至和諧的均衡狀態下，道德意識自然融會於其中產生作用，如此之「氣」亦不致流於恣肆，故孟子的理論中雖未對「和」加以標舉，然卻實際透過「養」的過程，培養形、氣、主體組構的一體之「和」，並進一步以之爲達「上下與天地同流」、「萬物皆備於我」的隱性前提。整體來說，孟子之「和」除了實際見於「人倫之和」、「民心之和」的政治與倫理範疇區判，及個別運用於柳下惠的「聖者」評斷之外，尚是其「養氣」、「養心」等工夫論往性體、道體境界提升之階。簡單來說，即是透過「養氣」、「養心」的工夫培養主體形、氣、組構之「和」，並經由此「和」契會主體內在道德情境與外在天地、萬物之情，達至「與天地同流」、皆備萬物的究極理境。類似孟子此類「援和入理」的論述，尚有荀子的例子，其於〈修身〉篇中言道：

> 治氣養心之術：血氣剛強，則柔之以調和；知慮漸深，則一之以易良；勇膽猛戾，則輔之以道順；齊給便利，則節之以動止；狹隘褊小，則廓之以廣大；卑濕重遲貪利，則抗之以高志；庸重駑散，則劫之以師友；怠慢僄弃，則炤之以禍災；愚款端愨，則合之以禮樂，通之以思索。〔註64〕

荀子所言治氣養心之術，主要旨在調和極端，扭轉心、氣流動及走向的偏差。

〔註62〕參楊儒賓著：《儒家身體觀》（臺北：中央研究院文哲研究所籌備處，1999年，修訂一版），頁13。
〔註63〕參蔡仁厚：《孔孟荀哲學》，頁273。
〔註64〕參梁啓雄：《荀子簡釋》，頁16-17。

或許如「血氣剛強，則柔之以調和」、「知慮漸深，則一之以易良」……等的標舉，只是荀子表現儒家追求「中道」的一貫趨向，而非「援和入理」的具體實現，然即便荀子是有意識地往「中道」靠攏，仍不可忽略荀子所言之「心」，是一「認知心」的事實。實際上，荀子工夫論的提出，與其「心」之「認知」作用有著密不可分的關聯。楊儒賓言：

> 荀子的大清明心除了強調認知的功能外，它還具備存有論的功能，亦即它可定位宇宙。……由於認知中有定位的作用，所以大清明心擴充至極，整體的自然界就有了重新塑造的構造，失序的渾沌因此也就變為可以理解的秩序，這顯然是種可以比配造化的創造。荀子所以喜歡講聖人之神明，或言人心可以上配天地、日月，我們可以從此思過半矣！在荀子的大清明心的重新定位之作用下，人身的一切也會從自然的狀態中獲得改變，成為理想的模式。〔註65〕

依照蔡仁厚的說法，荀子「認知心」中的「定位」作用給予主體及自然界重新創造的機會，而此種「定位」作用或來自於「認知心」對「道」的趨向使然。依蔡仁厚的說法：

> 依荀子，虛壹而靜的大清明之心，可以「知道」、「可道」、「守道」以「禁非道」。此即表示人可以依據心之「認知禮義、肯定禮義」而即從事於道德實踐以成善致治。〔註66〕

在虛靜工夫的前提下，荀子的「認知心」可以透過「認知」的本能從事道德實踐。當然，在「血氣剛強，則柔之以調和」、「知慮漸深，則一之以易良」……等狀態下，「認知心」依其所「認知」而有所歸趨，既然荀子治氣養心之術乃有意識地往「中道」靠攏，則必因「認知心」之「認知」而有此偏向，此由心而得之「認知」究竟為何？筆者私意以為，唯「道」而已矣！而「和」又為儒家之「道」中的重要一環。《荀子・儒效》：

> 聖人也者，道之管也。天下之道管是矣，百王之道一是矣。故《詩》、《書》、《禮》、《樂》之道歸是矣。〔註67〕

荀子在此明言天下之道皆以儒學為樞紐，而儒學主要精神又以《詩》、《書》、《禮》、《樂》等為依歸。所謂「《詩》言是其志也，《書》言是其事也，《禮》

〔註65〕 參楊儒賓：《儒家身體觀》，頁75。
〔註66〕 參蔡仁厚：《孔孟荀哲學》，頁416－417。
〔註67〕 參梁啟雄：《荀子簡釋》，頁89。

言是其行也,《樂》言是其和也,《春秋》言是其微也。」《詩》、《書》、《禮》、《樂》、《春秋》等在主體養成上各有所司,而「和」在荀子的思想脈絡中亦非憑空而來,其於「愚款端愨,則合之以禮樂,通之以思索」一項已肯定了禮樂的作用,且於〈樂論〉中明言:

> 故樂行而志清,禮脩而行成,耳目聰明,血氣和平,移風易俗,天下皆寧。〔註68〕

又:

> 樂也者,和之不可變者也。禮也者,理之不可易者也。樂合同,禮別異;禮樂之統,管乎人心矣。窮本極變,樂之情也。著誠去僞,禮之經也。〔註69〕

在荀子的思想脈絡中,禮、樂的作用足以安定社會秩序,且透過禮、樂進一步衍生而得之「和」與「理」,在「心」的認知範疇中產生「合同」、「別異」的衍外意義。簡單來說,由「禮」衍生而得之「理」,在荀子的思想中扮演著「導師」的角色,而由「樂」而生之「和」,則在「合『禮』——『中道』」的脈絡中順勢發揮。所謂「禮」,除了強調「禮」所附帶的教化改革意義之外,尚是「適」的具體表現。一如其〈禮論〉篇論及「三年之喪」的合理性與正當性時即有言:

> 三年之喪,何也?稱情而立文,因以飾群,別親疏貴賤之節,而不可益損也。……三年之喪,二十五月而畢,哀痛未盡,思慕未忘,然而禮以是斷之者,豈不以送死有已,復生有節也哉!……故先王聖人安爲之立中制節,一使足以成文理……。〔註70〕

所謂「三年之喪」,「二十五月」而畢,雖哀痛逾恆、思慕未盡,然生者畢竟不能因爲治喪而廢生,故先王「立中道,制節限」之用意在此,旨在使「敦厚君子得以節其哀傷而不過,愚陋小人不敢輕忽縱肆而不及;如此則無分智愚賢不肖,都可以在禮的節限中得到適度的表現。」〔註71〕荀子是稱許贊同先王「立中道、制節限」之作法的,因爲此一切作爲皆在合「禮」及「理」的規範中進行;而在「適」的具體表現上,除了在禮的節限中求得適度的宣

〔註68〕 參梁啓雄:《荀子簡釋》,頁281。
〔註69〕 同前註,頁281-282。
〔註70〕 同前註,頁271-272。
〔註71〕 參蔡仁厚:《孔孟荀哲學》,頁480。

洩之外，於「情」、於「人倫」、於親疏貴賤之界限、於人心之安置……等，皆須「和」的順勢發揮。因為所謂「禮」、所謂「中道」，是在一既定的禮制規範下進行，也就是說，所有的禮文儀節在初始施行之際即被賦予一「中」的概念，然情感的宣洩、人心的安置等，並非是「心」之認知「禮」如此簡單，在情感宣發之際，並沒有辦法硬性地以「中」去規範、約束，而是在情感宣洩的同時，於極端的情緒反應中尋求適度的平衡，故方有「血氣剛強，則柔之以調和」之說，這一類調和之論，即是建立在荀子「認知心」認知到「和」的同時，在「禮」的範疇中順勢發展。此外，就國與天下言之，《荀子・正論》有言：「天下者，至中也；非至彊莫之能任；至大也；非至辨莫之能分；至眾也，非至明莫之能和。此三至者，非聖人莫之能盡。故非聖人莫之能王。」〔註72〕「任彊」、「分辨」、「和明」是荀子理想中「聖人」所具備的三種能力，也唯有透過聖人與此三種特質的相互作用、發揮，方能以達至「天下國家為」的平治之境，故荀子對於「禮」的具體主張，及其對家國天下齊治的論點，乃成為荀子學說中追求「正理平治」的具體表現。

　　通過孟、荀「和」觀的思想展現，強化了「和」於儒家思想中的實存，即不僅僅是文獻所透露出來「和」觀的平面詮解，尚包括由孟、荀思想中「和」的認知與趨向所建構的立體義理架構。總歸而言，孟子的「和」觀在「先立其大」的要求下，透過「養氣」、「養心」的工夫培養主體形、氣、組構之「和」，並經由此「和」契會主體內在道德情境與外在天地、萬物之情，達至「與天地同流」、皆備萬物的究極理境，先完成從其大體的主體之「和」，再繼之推擴為家國、天下之「和」，感染民心、成全仁民愛物之儒家傳統；而荀子之「和」則重在具體落實的正理平治上，其學說中「樂」之「和」與「禮」之「理」同是不可變易的，而「樂」之「和」的究竟作用亦在透過「樂」的感染力致「民和」及「天下之大齊」，故孟子之「和」是由「親親」及「性善」為出發點的「推己及人」之「和」；而荀子之「和」則是經由正理平治後家國、天下之大齊，衍而為薰陶、教育的積極效用，作為主體變化氣質、好善惡惡的根據與動力。透過孟、荀「和」觀的對應，除了可見孟、荀思想主張之相入與相歧，在文獻資料與義理思想的兩相對照，亦可同時勾勒出「和」在孔、孟、荀思想中的既有認知及應有的定位，也同時顯示儒家「和」義涵在「前導性義涵」之後，已形成以儒家思想為中心而開展的一貫詮釋及理解脈絡，相對

〔註72〕參梁啟雄：《荀子簡釋》，頁236。

深化了「和」的內在義涵，並持續在儒家思想的不同面向中產生作用！

第四節　小結

　　總論孔、孟思想中的「和」觀，著實扮演了承先啓後的轉捩角色。上承中國「和」義涵的開展，肇始於史伯、晏嬰的「和同」論，而拓展於《荀子》、《禮記》中對於音樂的討論，並經由「和」之內涵與意境的標舉，開展出中國以「和」爲主的一脈美學批評，對詩、詞、曲等文學鑑賞產生深遠的影響。宋明之際，在儒家經典《中庸》的形上本體論思考下，亦同時賦予「和」以形上的討論空間。

　　歷來對於「和」的討論，多將關注焦點置於史伯、晏嬰的說法，或是儒家樂論中對於「和」的討論，具有承先啓後地位的孔、孟「和」觀反而爲討論者所忽略。筆者私意以爲，這是因爲一直以來在先秦思想的討論中，「和」義涵的詮解並未建構出一個完整的體系，因此在儒家思想中「和」並未以一系統性的面貌呈現，且孔、孟思想中有許多創發性的論點值得討論，相較於「仁」、「義」、「禮」等系統性的論述，「和」義涵的呈顯相對顯得零亂而散落；再加上「和」義涵在儒家思想中並非爲最首出的重要概念，因此先秦儒家思想中「和」義涵的呈現乃一直處於隱晦不明的情況。不過雖然在儒家思想體系中，「和」並非以其道德內涵受到重視，因此未有如「仁」、「禮」般的崇高地位，然不可否認，儒家思想取向確有「和」義涵參滲於其中，即便「和」並非在儒家思想的道德體系中產生重大作用，然以「和」義涵的建構，進一步作爲理解儒家思想的詮釋進路，乃是在傳統儒家思想研究上的另一可行之道，具有相當的研究展望與空間。

　　就孔、孟的「和」觀來討論之，其較「前導性義涵」豐富之處乃在於：「禮之用，和爲貴」的批評結果呈顯出儒家審美觀及美學批評的積極展現，且進一步寄託於「中庸」的整體理念之中，將先王之道實現的「美」與中庸原則之落實，實際以「和」爲最高表徵；且「和」是先於感官的經驗認知，由此確立其「先驗」地位，並有賴「禮」之輔助成就「和」之秩序性與美感。

　　再者，與「前導性義涵」相較，孔、孟的道德思想在「和」的內容義涵上產生強烈效應，使得「和」乃以「性善」爲根據，並與「仁」、「禮」等產生有機地交互作用，如此一來，「和」產生作用的對象無論是個體或群體，範

疇無論是政治或人倫，皆攝於一「善」的環境中進行。就個體而言，主要是主體精神的深度修養，輔以「仁」、「義」、「禮」等道德工夫進行作用，使個體之形、氣、組構等達至一體之「和」的狀態，成就與「天地同流」、「皆備萬物」的理境；就群體而言，則有所謂「人倫之和」與「平天下」必循的「民心之和」，必先「安人倫」而後方能不以威勢而「平天下」，故「人倫之和」可說是「民心之和」的根本基礎。此種由人倫往政治推擴的模式，正是《禮記‧樂記》中音樂所具之教化、感染能力的主要依據。

　　再論孟子對柳下惠「聖之和者」的評價，在境界的區判上，孔子之「時」與柳下惠之「和」確實具有「全面」與「落於一偏」的實際落差。孔子之「時」，代表的是儒家思想中「時中」的概念，是完美聖人形象的全面展現，故成為後世儒者在人格修養上模習的典範。然如孔子形象般全面之聖賢典型的完成，在儒家體系中畢竟還是鳳毛麟角，不過儒家思想並不因此否定人人皆有成聖賢的可能，反之，孟子同意「人皆可以為堯舜」〔註73〕的說法，荀子亦言：「塗之人可以為禹。」〔註74〕不同之處只是在於依隨著個人性格、修養工夫偏重的不同所產生境界上的差異。故就主體修養來說，柳下惠透過「遺佚而不怨，阨窮而不憫」之「適」，與擇善固執之「直」，交互作用而為孟子所言之「和」。此處代表了兩種不同意義，首先是肯定「和」在孟子的認知中是聖人特質之一環，致「和」雖不若「時」之完美、圓滿，卻足資為人格典型批評的依據之一；再者，是個體生命的完成。孟子之所以言柳下惠之行「君子不由也」的主要原因，乃是因為「和」之發散符合柳下惠的整體生命情調。如以伯夷之「清」而行柳下惠之所「行」，不但不符合伯夷的生命情調，亦無法達致「聖之和者」的境界。由此或可進行推論，「和」除了扮演聖人道德特質的角色，具有一定的普遍性之外，又往往因人而異，在個別的生命情調中產生不同的效應。也就因為如此，「和」在儒家思想中除了音樂之外，「禮」的運用、君子人格美養成等範疇，皆有「和」的個別作用在進行；而除此個別作用之外，又有如「聖之和者」的超然理境存在，作為道德境界追尋的共同理據。

　　孟子對柳下惠「聖之和者」的評價，開啟了以「和」作為人物典型批評的先例，且因孟子灌注於「和」中的道德評價及「性善」基礎，亦間接使得

〔註73〕參《孟子注疏》（臺北：藝文印書館，重刊宋本十三經注疏，2001年），頁210。
〔註74〕參梁啟雄：《荀子簡釋》，頁335。

儒家樂論中音樂特質與人格形象間的相互投射成爲可能。因爲以「和」爲主的儒家樂論，是在美、善的氛圍中進行，再由音樂的特質投射出理想的聖賢形象，既以美、善始，則其結果必然不離美、善，故成爲儒家思想在人格美批評上的典型之一。

　　儒家思想中「和」義涵的昭示，除了經由孔、孟實際言及「和」的文獻記載進行考察之外，尚有一部份文獻資料在字面上並無「和」字的出現，然仔細考究其中的情感狀態或成德要求，除了歷來以「中」爲主的詮說進路之外，若以「和」爲思考方向，針對這些篇章進行不同面向的解讀，是否能達到孔子所欲傳達的深意？如《論語・公冶長》及〈堯曰〉中孔子之言：

　　　　子謂子產：「有君子之道四焉：其行己也恭，其事上也敬，其養民也惠，其使民也義。」〔註75〕

又〈堯曰〉：

　　　　子張曰：「何謂五美？」子曰：「君子惠而不費，勞而不怨，欲而不貪，泰而不驕，威而不猛。」〔註76〕

所謂「恭、敬、惠、義」，是君子之道；而「惠而不費，勞而不怨，欲而不貪，泰而不驕，威而不猛」則所謂「五美」。以「恭、敬、惠、義」來說，此四個道德特徵是各自成立的，進一步集結而爲君子之道，這除了說明所謂「君子」必須具備「恭、敬、惠、義」四者之外，尚包括「恭、敬、惠、義」在作用過程中統整涵融而成的整體風格特徵；也就是說，「恭、敬、惠、義」雖是四個相異的道德質素，然當此四者同時內具於主體生命之中，經由共同作用而發散爲整體生命氣質的特徵時，此特徵爲何呢？以德行內容來說，或是孔子所謂之「仁」；以境界的達成來說，則曰「君子」。然儒家思想中所有「致仁」的關鍵，除了「我欲仁，斯仁至矣！」之當下境界義的成全之外，大部分仍需要一進德修養工夫來支持「仁」境的達成，這也是前文所言「以和成仁」的階段性任務。因爲「和」所代表的，是一主體生命與道德交相融會後所產生的和諧情態，呈現爲所有主體成德前的內在根據。儒家思想講求的是圓滿的生命情境，雖然「和」在《論語》中出現的次數並不多，然儒家思想趨向卻不自覺地傾向於「統整」、「和諧」、「圓滿」。又如〈堯曰〉中所提及的「惠而不費，勞而不怨，欲而不貪，泰而不驕，威而不猛」之五美，「惠而不費」、

〔註75〕參《論語注疏》，頁44。
〔註76〕同前註，頁179。

「勞而不怨」、「欲而不貪」、「泰而不驕」、「威而不猛」等各項之間已可以各自成全，而透過兩兩相對立概念的並置，乃使得種種情緒反應及人格特質在終極的兩端可以獲得進一步地調和與紓解。歷來詮說者多以「中」來看待「惠而不費」、「勞而不怨」等特質的發顯，這是基於儒家「中庸之道」要求「中行」的思考作為出發點，然仔細相較之下，「惠而不費」、「勞而不怨」等不僅僅是要求行為或表面的「中節」，在「中節」的背後，是對君子內在本質的要求，也是生命境界與精神的提升。在儒家思想體系中，廣義的「中」或許可以涵括主體內外表現的一致性，然卻不若「和」能充分展現「中節」以外的「圓滿」氛圍，這是以「和」為詮釋進路來詮說這部分文獻之所以可能的重要理據。因此透過《論語》、《孟子》的成書來理解孔、孟的內在思想，不難發現在許多範疇的論述中，孔、孟二人雖未針對「和」議題作出議論，然卻相對寄託「欲和」的思想感情於其中，成為儒家思想的內在精神取向。而孔、孟之所以有此表現的最大原因，除了如前文所言，主要來自於外在文化環境崩壞的影響之外，尚包括「和」義涵本身的「先驗」特質，乃使得主體生命的覺知與動向自然地朝向「和諧」、「圓滿」趨近。

　　儒家思想中「和」義涵的呈現，多肇於多元或相對概念群彼此作用後的和諧統一，然不可忽略的是，多元或相對的概念群在儒家思想體系中並非以一中心思想存在，而是內化於思想深層，散置於思想體系中，也因為如此，多元或相對的概念群於儒家思想中隨處可見，有時隨著夫子對「君子」的期許而呈顯，有時又扮演為人行事的指導原則，不管如何，這些散置的概念往往是建構儒家思想身段的個別指標，再逐漸由個別凝聚為整體，也因此儒家「和」概念的成立，是「由小而大而整體」、「由內而外而超越」的推擴過程，此過程的成立乃立基於以「和」為詮釋進路來取代「中」的一貫思考而論。所謂「由小而大而整體」，一如五美之「欲而不貪」，在「欲而不貪」的命題中已獲得「和」的極致成全，而當「惠而不費」、「勞而不怨」等其他要求併入，則又在各自的「小和」中凝聚、建構出歸屬於君子之道的「大和」，無數的「大和」於儒家思想體系中彼此激盪、涵融，隨之各自尋求定位，於人格美的追求、於禮樂、於審美原則的確立、於儒家思想的整體風格……等，開展屬於儒家特有的文學、思想、美學整體氛圍，且能更加適切地呈現追求「圓滿」、「均衡」、「和諧」的儒家思想特點；而「由內而外而超越」，則是由思想最深層所掘發，來自於孔子對禮崩樂壞等社會黑暗勢力的正視，進而透過禮

樂、教育等教化意識推展而生的衍外功能意義，沿著「由小而大而整體」的
脈絡行進，於君子、聖賢典型的追求，抑或禮樂境界的昇華，進行著既涵融
又超越的思想理論影響，這一切亦端賴「和」活躍的感染力與融合辯證的生
命力。故建構於一多元或相對概念群，是「和」在儒家思想中的必然條件之
一，而「和」概念在儒家思想中成形之後，除了荀子以正理平治爲主、講究
後天學習的獨特主張，必須依賴「和」的感染能力在「天下大齊」後反轉影
響主體生命氣質與境界之外，皆循著「由小而大而整體」、「由內而外而超越」
的路徑演進，建構出「和」於儒家的終極超越義涵。

第四章　「和」在儒家思想中意義的呈現與開顯

第一節　小引

　　「和」的概念在儒家思想文化中，代表的雖多是指「和諧、協調」之意，但總體來說，指涉對象仍有層次上的差別。對象的不同，致使儒家「和」的概念不斷擴大，在「天」、「人」與「禮、樂」，甚至是「君子」的成全與完成上，產生了意義上的多重奏。也就是說，其本質義以「調和」來統括；結構義則附以「連結」、「協調」、「適均」等的動詞義，至於所展現出來的樣態義，則如「太和」、「中和」、「和諧」……等。

　　繼基本界義及孔、孟思想中「和」觀的昭示之後，「和」在儒家思想中整體意義的呈現與開顯乃成為首要之務。「和」的概念既在時代及社會、文化環境的特殊取向下內化為儒家思想的一環，則除了孔、孟所提及之「和」，其於儒家思想中是以何種面貌、身段來呈現？又「和」於儒家思想中的作用是否可歸納出一內外化成次第關係，進而在「禮」、「樂」與聖人格局間產生繫聯？以「和」來說，其發展及義涵擴充的軌跡與背景，來自於儒家思想既有的想法與觀念。首先是關於「道德本源的追索」：原始儒家首重「天命」，孔子繼承周文中「宗教人文化」的結果，亦以「天」為道德的根源，然又在周文的基礎上進一步改革，以「性相近也，習相遠也」的命題，強調在「天」賦予人的美好質性中，仍須後天之「習」來推波助瀾；繼之，孟子的「性善」論

則企圖由人的心、性去尋求道德的本質和起源；到了荀子，雖摒棄人性根源「善」的質性，視道德爲人性惡的結果，然仍不遺落關於道德的討論，在「養人之欲，給人以求」的命題中將道德禮義的目的與物質生活聯繫起來。「和」的概念在這樣的時代氛圍下，勢必不脫受道德影響的時代氣氛，故「和」在儒家思想中，一直都是「美」、「善」合一的表徵，此可由孔、孟之「和」或禮、樂之「和」來探見端倪。而對於「道德本源追索」的主要表現，儒家乃以「天人關係」的建構來進行觀察，由外在的宇宙觀明析整個宇宙陰陽至和的狀態，揭示《周易》中「保合大和」與「中」各正主體性命的歷程，再經由「天人和合」的天人溝通過程，以「樂感」來闡明「天」、「人」、「和」等命題間的交通與時代意義，「天」、「人」、「和」的交互作用亦建構出儒家最本初的道德觀。

除了對道德本源的追索，儒家思想還強調「道德的社會作用」；換言之，在儒家體系中任何一個被提出的論點或思想主旨，其最終的義涵必須符合一普遍的的社會秩序及教化意義。孔子提出「道之以德，齊之以禮」，「德」與「禮」之被標舉，正因爲此二者足以導正人心及社會風氣的走向；孟子以「不忍人之心」，發而爲「不忍人之政」，透過仁、義、禮、智四端來推行仁政，此時道德乃成爲政治、法律的根本，也就是儒家首重之「德治」；荀子則認爲「隆禮貴義者其國治，簡禮賤義者其國亂」，儘管荀子強調政治及經濟的重要，禮義等道德仍是不可偏廢的。在這種作用之下，「和」的首要概念仍落在道德的實用範圍上，必須以其道德性的本質，對社會秩序或改革產生實質性的作用；然「和」仍是一抽象性概念，如何落實乃成爲一個難題，故孔、孟思想中的「和」觀，雖已意識到「和」所蘊含的道德內涵，並將其道德美感運用於審美批評或人物批評之上，然終究未在此基點上推擴出「和」的義涵架構。整體來說，「和」之完整義涵架構的產生端賴儒家樂論的完成，是以「樂」來「成」之的義涵建構歷程。

儒家既講求「道德的社會作用」，則與禮並稱的「樂」必有其特殊的道德教化意義存在。儒家樂論從孔子起始，即賦予美、善等道德上的價值判斷，然美、善在儒家思想中心來說，並非終極的目標所在，故以「美」、「善」納入音樂的本質判斷之中，擔負起沈澱人心、改革風氣、道德教化的重責，進而尋求美善合一的「和」境。這是一個由外向內感發的過程，儒家思想以音樂爲媒介，賦予音樂以教化的意義，並含攝許多儒家欲推擴、欲施展的主張

於其中，透過音樂感染薰陶的功效，使人之心、性獲得適度的陶冶與教育，這是一個由「樂」到「和」再到「德」的實現進路，統攝在「強調道德的社會作用」之儒家思想特質下。

　　除了本質問題的探討，及實質社會作用的闡發，儒家思想尚「重視道德教育和道德修養」。有別於道德的社會作用，儒家重視「道德教育和道德修養」的特質，則偏重在內求及培養「人」之道德感上，是屬於儒家對人格美的追求與戀慕。孔子以「文」、「信」、「忠」、「義」等來教育門生，是企求在道德的感發教化之下，使其人內修德行，進而英華發外，這是一種以人為主體的道德教育，因此儒家強調「身修而後家齊，家齊而後國治，國治而後天下平」。修養己身成為齊平天下的基本要素之一，故有「自天子以至於庶人，壹是皆以修身為本」之說；孟子提出「自省」的主張，標舉逆覺本性之善，體證德性於主體的作用；荀子雖不贊同「性善」的說法，但透過「化性起偽」仍承認道德、德性的後天修養與學習，足以改變人之心性，故就後天的學習來說，德性教育仍是不可忽略的一環。而在這種思想特質下孕育發展之「和」，不同於向外推擴的社會實效作用，改以內化於主體之「文」、「質」為主，在反身用「和」的過程中，同時以其道德義及境界義存在，道德義主在主導人心性之走向，屬於涵養的工夫之一，以「道德」、「德性」為最高指導原則。換言之，主體以「和」為德性修養的進程之一，內化「和」於主體之中，薰習陶冶主體的心性，轉化抽象之「和」為具體的聖賢風度，使其舉手投足間皆不離道之所向所往，經由日常之培養修習，朝「和」之境界義邁進。而「和」的境界義所代表的除了道德內化於主體、作用於主體之外，尚象徵儒家至高圓融、氣象渾涵的「主體境界義」，是一種以「人」為主的道德生命之學。

第二節　以「天人關係」為主的「和」義涵貞定

壹、「保合大和」與「中」之「各正性命」

　　就儒家對「和」的認知來說，「和」的發展可分為主要的兩個脈絡，一是受史伯、晏嬰「和同」說所影響的「以他平他」、「濟其不及、以泄其過」之「和」，這樣的「和」成為日後儒家「中和」之道的一項重要元素，也是儒家思想中「和」義涵的主要內容；而另一則是「諧和的宇宙觀」。在儒家思想中，

對於陰陽或宇宙規律的認識，「和」扮演了構成宇宙和諧秩序的角色。《周易·繫辭下》：

> 日往則月來，月往則日來，日月相推而明生焉。寒往則暑來，暑往則寒來，寒暑相推而歲成焉。往者屈也，來者信也，屈信相感而利生焉。〔註1〕

日月、寒暑的更迭，一如陰陽的屈信，唯有陰陽調和，宇宙秩序方能不亂，萬物也才能各安其位。《禮記·樂記》也隨著補充：

> 地氣上齊，天氣下降，陰陽相摩，天地相盪，鼓之以雷霆，奮之以風雨，動之以四時，煖之以日月，而百化興焉。如此，則樂者天地之和也。〔註2〕

孔穎達疏曰：「言作樂者，法象天地之和氣。」〔註3〕此處之「樂」，不單獨求人倫之「和」，聖人必以天地、陰陽、百物之「和」爲作樂效法之對象，方能醞釀制作出儒家所謂的「大樂」。而儒家「諧和的宇宙觀」，又可以一「太和」觀念爲代表。《周易·乾·彖辭》：

> 乾道變化，各正性命，保合大和，乃利貞。首出庶物，萬國咸寧。
>
> 〔註4〕

實指天地、四時不失其序。湯一介在其著作中有言：「在我國古老的經書《周易》中提出一個十分重要的觀念，這就是「太和」的觀念，我認爲這個觀念可以解釋爲完滿的『普遍和諧』。」〔註5〕由「太和」引申出「普遍和諧」的概念，已是「太和」觀念的第二義。所謂「太和」，張載《正蒙·太和》言：

> 太和所謂道，中涵沈浮、升降、動靜相感之性，是生絪縕、相盪、勝負、屈伸之始。〔註6〕

張載之言借用「太和」和諧、統一的含意，說明陰陽二氣流動的狀態，並指

〔註1〕 參（魏）王弼注，（唐）孔穎達疏：《周易正義》，（臺北：藝文印書館，重刊宋本十三經注疏，2001年），頁169。

〔註2〕 參（漢）鄭玄注，（唐）孔穎達正義：《禮記正義》，（臺北：藝文印書館，重刊宋本十三經注疏，2001年），頁672。

〔註3〕 同前註。

〔註4〕 參《周易正義》，頁10。

〔註5〕 參湯一介撰〈中國哲學中和諧觀念的意義〉，收入於《哲學與文化》23卷第2期（1996年2月），頁1314。

〔註6〕 參（宋）張載著，（清）王夫之注：《張子正蒙》（上海：上海古籍出版社，2000年），頁85。

明了一組相對立概念經過相感、激盪後所產生的和諧統一，這種「對立面的和諧統一」，是「和」之極致。其又言：

> 若陰陽之氣，則循環迭至，聚散相蕩，升降相求，絪縕相揉，蓋相兼相制，欲一之而不能。此其所以屈伸無方，運行不息，莫或使之，不曰性命之理，謂之何哉！〔註7〕

莫怪乎王夫之於此處注曰：

> 太和，和之至也。道者，天地人物之通理，即所謂太極也。陰陽異撰，而其絪縕於太虛之中，合同而不相悖害，渾淪無間，和之至矣。未有形器之先，本無不和，既有形器之後，其和不失，故曰太和。〔註8〕

張載以「太極」為道之所據，並以陰陽相濡相生而成天地人物之通理，無疑是受到《周易》的影響；而所謂「道」，亦是「不失」、極致之「和」。這樣的「和」，是一種宇宙整體、自然界相生相成的概念，尚未落入人文化成的階段。而透過《周易·象辭》中「乾道變化，各正性命，保合大和」的說法，輔以張載、王夫之等以「太極」為主的內涵演繹，明顯可看出，所謂「太和」除了是陰陽二氣絪縕、生化萬物之始以外，還包括陰陽二氣在對立之餘的「合同而不相悖害」。「和」之異於「中」的最首要之處，即在於「和」所內涵之融合辯證的生命力，這最初始可由史伯、晏嬰「以他平他謂之和」的說法裡探見端倪，而在《周易·象辭》中獲得更進一步的發揮。因此如果「中」具有處事、為人、修身自持的「準繩」義，則「和」必深入主體生命情境之中，活化主體內在成德的修養，在主體之「心」、「性」、「氣」、「神」、「思」的相對多元因素中，為主體生命尋得一精神上的共同取向，並昇華為和諧的生命個體。因此就「中」與「和」之「各正性命」一項進行思考，「中」提供每一獨立個體「靜態」的規範判斷，使主體在為人行事一項，得以行之中道而不踰矩；而「和」則著重在其「動態」的辯證生命力，使得主體生命自然依隨本性，主體之性又在陰陽變化中淪澤無間，臻得「和」之至，亦即「太和」。如此一來，「中」與「和」在「動態」與「靜態」義涵的詮分下，在主體成德及生命境界昇華的階段上，扮演著各司所職、各正性命的角色，也揭示「中」與「和」可能引導的不同效應。

〔註7〕 參（宋）張載著，（清）王夫之注：《張子正蒙》（上海：上海古籍出版社，2000年），頁104。

〔註8〕 同前註，頁85。

　　《周易》中「太和」之義，雖經宋代儒學家之闡發方有所發揮，然以陰陽、乾坤的變化生成而言，「太和」以一統整、諧和的姿態進行作用，造就了中國文學、思想中以「和」爲始、以「和」爲貴的生物處事概念。因此湯一介進一步將中國哲學中的「和諧」，劃分爲四個部分：

> 在中國哲學中把「自然」看成是和諧的整體，而有「自然和諧」觀念；……在中國哲學中把「人」和「自然」看成是和諧的整體，而有「人和自然和諧」的觀念；……在中國哲學中把「人」和「人」看成是和諧的（或者說，應該是和諧的），即有由人們創造的社會的和諧的觀念；……在中國哲學中把人的「身」和「心」看成是和諧的（或者說，應該是和諧的），即有「自我身心內外的和諧」的觀念。
> 〔註9〕

湯一介的說法，考慮的是對象間的相對性關係，包括的是整個中國哲學中的「和諧」概念，但其實縮小來看，這幾層關係已足以代表先秦儒家思想中「和」概念的次第發展。也就是說，這四層關係所代表的中國哲學中的「和諧」，雖非放諸各家思想皆準，代表的是中國「和諧」的整體觀念，然對於儒家思想來說，在「自然」與「人」及「反求諸己」的過程中，與這四層關係產生了情境上的連結。單就「宇宙觀」的考察脈絡來看，衍生而得的是整個自然的和諧。先秦儒家諸子雖未直接言及「自然」，然由孔子所言之「天」來進行觀察，儒家之「天」已含有「自然天」之「自然義」，只是與道家超越的「自然」相較，在人文化的作用之下，儒家的「自然」較之道家更具有人文化成的氣息，認爲人與萬物都是天地所生，性本一源。再就陰陽二氣變化、稟受的階段來說，儒道的說法實無二致，有所差異的是陰陽二氣作用後所產生的不同理解模式。道家陰陽二氣和合、作用的目的，是爲了體現至高無上之「道」的奧妙，無聲無臭、無形無蹤、無可捉摸度測，是一個由「和」而達「無」的境界；而《易傳》中的陰陽二氣則交互作用，除了天地本授於人之純淨的善性外，陰陽二氣作用時若駁雜不純，則會成爲人性中各種慾望及不善念頭的根源，因而衍申出漢代以來王充等對於氣性的種種討論，也明揭儒家在荀子之後，特別是漢儒何以格外重「學」，實欲透過種種學習與修養工夫，變化氣質，以保存「天地之性」，恢復本然的善性。《易傳》中陰陽二氣和合、生化萬物的說法，可視爲先秦儒道兩家思想對宇宙萬物認知的共同源頭，即便

〔註9〕　參湯一介：〈中國哲學中和諧觀念的意義〉，頁 1314。

《易傳》的內容究竟該歸屬於先秦儒或道,至今仍有不同的議論出現,然就其思想內容對儒道兩家學說在宇宙觀上的啟蒙之功而論,《易傳》對儒道兩家思想發展的重要性實無二致。

「天地之性」與「氣質之性」的討論,是儒家思想中、後期對於「天地」及自然最基本的認同。儒家典籍中,並未出現以自然為主的純然宇宙論學說,然以「和」來說,陰陽與宇宙規律所引導的諧和宇宙觀,則是「和」意義根源中不可忽略的部分,其於外緣意義中產生作用,呈現儒家思想中認同透過一組對立或相反的概念,經過激盪與整合,足以形成一「和諧」的狀態,繼而於人、事、物的聯繫與交流中進行永續作用。這或只是儒家多數思想概念之一,卻是通貫儒家之「和」的中心主旨!

貳、樂「感」天人之「和」

「和」在儒家思想中除了陰陽相感相生的宇宙觀論點之外,於「天」、「人」關係中亦可探見些許端倪。在早期的天命論中,「天」是以一主宰的角色存在,因此「天人關係」實際上即是「神人關係」,然「神」與「人」之間畢竟存在著尊卑之分,如何在尊卑的對位關係中達到和諧,乃成為後起儒家思想之重點所在。此處提及天人之「和」,重點在透過儒家孔孟等對天人關係的體悟,闡發其說法背後所追求的精神及主旨所在,孔孟雖未直指天人關係之中心思想為「和」,然經由孔子對「仁」義的標舉,確立了「人」存在的價值基礎,相對的也削減了西周天的權威性和主宰性;孟子繼之擴充,透過道德修養工夫、德性實踐,「知天」乃成為可能,「天」與「人」間的交互作用於焉展開,而彼此的互動亦朝向一「和諧」、「合德」的狀態演進。

就前文湯一介的說法,在中國的和諧觀念中,除了「自然的和諧」,可於《周易》中對於「自然」及「宇宙」的論述獲得理解之外,《尚書·堯典》中舜命夔典樂的記載,提及「神人以和」的境界〔註10〕,在「人」與「自然」的關係上亦有討論的空間。以往討論這段文獻,多是置於「詩言志」或音樂的範疇來談,但對於「神人」間之「和」卻少有討論,究竟「神」與「人」之間,是透過何種元素來構成和諧?而「神人之和」的和諧境界又是透過什麼樣態來呈現?《尚書·堯典》在舜命夔典樂一段下有言:

〔註10〕 參(漢)孔安國傳,(唐)孔穎達疏:《尚書正義》(臺北:藝文印書館,2001年),重刊宋本十三經注疏,頁46。

夔曰：於！予擊石拊石，百獸率舞！〔註11〕

孔安國言：「樂感百獸，使相率而舞，則神人和可知。」〔註12〕孔穎達亦言：「人神易感，鳥獸難感，百獸相率而舞，則神人和可知也。夔言此者，以帝戒之云：『神人以和』，欲使勉力感神人也。」〔註13〕由此可知，在先民的認知中，「神」與「人」間是透過「樂感百獸」的表現來達成溝通與聯繫。「神人以和」講的當然是音樂感化的功能性，但得知的途徑則有賴於「百獸率舞」。也可以進一步說，「神」與「人」之間的聯繫，透過音樂「感染」自然界百獸或生物而成爲可能。因此，音樂的感染力是達成「神人以和」的重要元素，而「自然」除了是神人之間傳遞訊息及意旨的管道，在早期的神話記載中，「自然」尚是神人互相來往的交通途徑之一。如《山海經》中即記載：

> 有靈山，巫咸，巫即……十巫從此升降，百藥爰在。〔註14〕（大荒西經）有九丘……有木，青葉紫莖，玄華黃實，名曰建木……大皥爰過，皇帝所爲。〔註15〕（海內經）

「靈山」、「建木」等自然界之物，以一「天梯」的型態使得神人互相往來成爲可能，而「神」與「人」間除了占卜、祭禮之外，「自然」實用的物象化呈現則實際地建構出神人溝通的最初原型。當然，「神人以和」的義涵與《周易》中陰陽氣性太和的宇宙觀必有概念層級上的落差，其差異點在「天」的不同屬性上，然以「人」與「自然」的依存關係來看，二者乃有異曲同工之妙。

樂之「感」百獸，百獸以「率舞」來表現，而音樂之感人、入人、化人之深，於〈樂論〉、〈樂記〉的記載與論述中皆可探見究竟，《荀子・樂論》中即有言：

> 聲樂之象：鼓大麗，鐘統實，磬廉制，竽笙簫和，笙籥發猛，塤箎翁博，瑟易良，琴婦好，歌清盡，舞意天道兼，鼓其樂之君邪！故鼓似天，鐘似地，磬似水，竽笙簫和笙籥似星辰日月，鞉柷拊鞷椌楬似萬物。曷以知舞之意？曰：目不自見，耳不自聞也，然而治俯仰詘信進退遲速莫不廉制，盡筋骨之力以要鐘鼓俯會之節，而靡有悖逆者，眾積意謘謘乎！〔註16〕

〔註11〕 參（漢）孔安國傳，（唐）孔穎達疏：《尚書正義》（臺北：藝文印書館，2001年），重刊宋本十三經注疏，頁46。

〔註12〕 同前註。

〔註13〕 同前註，頁47。

〔註14〕 參袁珂著：《山海經校注》（臺北：里仁書局，1995年），頁396。

〔註15〕 同前註，頁448。

〔註16〕 參梁啓雄：《荀子簡釋》，頁282－283。

百獸率舞傳達天意，與「舞意天道兼」有異曲同工之妙，皆是經由音樂的精神內涵轉化爲舞蹈，而音樂之「中節」，則表現在「俯仰詘信進退遲速莫不廉制」的舞容上，接著人再透過舞容的廉節裁斷，契合鐘鼓俯會的節奏，進而學習諄厚之風範。其中「塤篪翁博」之「翁」，《說文》有云：「浟，翁也。」梁啓雄《荀子簡釋》中直言：「翁，即浟浟。」《左傳·襄公二十九年》有：「浟浟乎大風也哉！」服虔注於此則言：「浟浟，舒緩深遠，有大和之義。」以此之「大和」，契應「俯仰詘信進退遲速」的舞容，及「盡筋骨之力以要鐘鼓俯會之節」，此二者「靡有悖逆者」，不管是在進退俯仰的相對動作中，抑或是力與音樂節奏的符應，皆可見「音樂」轉化爲「舞蹈」後感人、入人、化人之深，而呈現出究竟之「大和」，故可見音樂足以「感」天人，使致「天人和合」之理境。

「天人和合」之境界義，亦可就《周易》之諸卦進行討論。《周易》是儒家經典中最能代表其宇宙觀與自然觀的典籍。綜觀《周易》中的諸卦象，《周易·繫辭下》：

> 《易》之興也，其於中古乎？作《易》者，其有憂患乎？是故履，德之基也；謙，德之柄也；復，德之本也；恆，德之固也；損，德之修也；益，德之裕也；困，德之辨也；井，德之地也；巽，德之制也。履和而至，謙尊而光，復小而辨於物，恆雜而不厭，損先難而後易，益常裕而不設，困窮而通，井居其所而遷，巽稱而隱。履以和行，謙以制禮，復以自知，恆以一德，損以遠害，益以興利，困以寡怨，井以辯義，巽以行權。〔註17〕

此處除了可見各卦象所主的功能之外，尚能見《周易》由陰陽消長、和合，進而與所謂的「人道」產生聯繫。以「履」卦爲例，「履和而至」、「履以和行」之所以可能，是因爲「履」的下卦爲「兌」，「兌」以「和」說〔註18〕，因此「履」卦乃是：「履虎尾，不咥人，亨。」「兌」之「和」乃在於六三陰爻之陰柔應九二陽爻之剛強，陰柔與剛強之融會抵銷，方能無所見害。一如「泰」

〔註17〕 參《周易正義》，頁173。

〔註18〕 《周易·兌》：「亨，利貞。」〈彖〉曰：「兌，說也。剛中而柔外，說以利貞，是以順乎天而應乎人。……」初九曰：「和兌，吉。」孔穎達：《正義》於此注曰：「初九居兌之初，應不在一，無所私說，說之和也，說物以和，和往不吉，故曰：『和兌，吉』也。」由此故曰「兌」以「和」說。以上參《周易正義》，頁130。

卦與「否」卦，注重的是高者下就、低者上達的平衡之「利」；「既濟」卦與「未濟」卦則著眼於水火或人事的協調與否。〔註19〕因此，《周易》的內涵雖外求宇宙整體的和諧，但至於人事則仍以陰陽之道，在對立的世局或情勢中尋求和諧的統一，這樣「對立面的和諧統一」，已由陰陽二氣的生化、相對相成落實而爲「人」處事應物時的具體準則，於是孔穎達補充道：「此假物之象以喻人事。」〔註20〕但值得注意的是，《周易》的具體內容雖已由宇宙觀落實爲處事原則，但其比附仍以「自然」爲主，不脫宇宙萬事萬物的範圍，故《周易》所言之「太和」，乃是就宇宙全體而言之「至和」。

　　《周易》內涵代表的是一「諧和的宇宙觀」，儒家思想以一諧和的宇宙觀爲始，尋求「自然」及「人」與「自然」間的和諧；也可以說，儒家思想中「存有秩序美」的「和」，一直以來便受到史伯、晏嬰「和同」說，及《周易》宇宙觀的影響。這兩種理論系統所追求的，均是一普遍存有的「諧和」，然因爲儒家所重在「人」，其工夫修養講求的是以「人」爲本的修養進程，不管是「仁」、「義」、「禮」或「忠」、「恕」等，皆是人格修養的工夫進路，或是透過人內心修養後所轉發的人格美德。在儒家獨特的思想脈絡下，「和」的概念逐漸偏向人事或審美的義涵，即便在音樂的審美原則上，亦不脫「禮」的規範。因此，「諧和的宇宙觀」雖是儒家思想中「和」義涵的起點，但其影響所及乃爲一普遍的「和諧感」，至於其他抽象的「神」或「氣」的觀念，則有待宋明儒學家的進一步理解、詮說，方能更顯其精義。

〔註19〕《周易·泰》：「小往大來，吉亨。」〈象〉曰：「『泰，小往大來，吉亨』，則是天地交而萬物通也，上下交而其志同也。內陽而外陰，內健而外順，內君子而外小人。君子道長，小人道消也。」；《周易·否》：「否之匪人，不利君子貞。大往小來。」〈象〉曰：「『否之匪人，不利君子貞。大往小來』，則是天地不交，而萬物不通也；上下不交，而天下無邦也，內陰而外陽，內柔而外剛，內小人而外君子，小人道長，君子道消也。」；《周易·既濟》：「亨小，利貞，初吉終亂。」〈象〉曰：「水在火上，既濟，君子以思患而豫防之。」；《周易·未濟》：「亨，小狐汔濟，濡其尾，無攸利。」〈象〉曰：「火在水上，未濟。君子以慎辨物居方。」以上分別參《周易正義》，頁 41、43、136、137。而其中「既濟」與「未濟」尚包含一層互補關係。「既濟」之吉來自於「柔之得中」，但若不知精進，則「既濟」亦有所終，故言「終亂」；而「未濟」之「火在水上」，雖不成烹飪，但若知「未濟」之「未濟」，用慎爲德，辨物居方，其利或大於「既濟」。故《周易》內容所言，並非一命定的結果論，而是「人」與「自然」共處時的相應法則，這一法則以德配之應用於人事，乃成爲《周易》的衍外功用。

〔註20〕同前註，頁 40。

反觀道家，老、莊一樣以《周易》中陰陽氳氤生化爲始，擺脫儒家「中」、「和」等概念的糾結混雜，另起新局，以「道」爲至大、至高，所謂「道可道，非常道」〔註21〕，「道」正因其不可言說，方爲至道。並以陰陽和合的觀念，推擴出一陰陽適均、寂然凝湛的自然之境與中和之性。與儒家相較，適足以呈現儒道思想在看待「和」這一概念時之歧出，不過此一「歧出」，非但不能以負面意義看待；相反的，就儒道合流後所呈現的「和」義涵結構，在內涵上相對吸收了儒道兩家的思想精義來說，「和」義涵的充實乃有賴於儒道兩家思想精神上的融合與辯證！

第三節 「和」之內外化成次第關係探析

壹、「和」之於「禮」、「樂」的創制與應用

「和」以一「存有秩序美」的角色，成爲儒家「中庸」思想中美學批評的尺度，而這個評價的原則，大量地運用在禮、樂的創制或鑑賞中。《周禮・地官司徒》中提到教民的十二條守則，即言道：

> 四曰以樂禮教和，則民不乖。〔註22〕

〈春官宗伯〉亦言：

> 以禮樂合天地之化、百物之產，以事鬼神，以諧萬民，以致百物。
> 〔註23〕

在在說明了禮樂的和諧氣質及其教化、感染人心的功能。朱光潛說：「圖畫所不能描繪的，語言所不能傳達的，音樂往往能曲盡其蘊。它的節奏的起伏，音調的宏纖，往往恰合人心的精微的變化。個人的性格、民族的特徵以及時代的精神可以從音樂中窺出。中國古時掌政教的人往往於音樂、歌謠中觀民風、國俗，就是這個道理。」〔註24〕音樂最大的特色，就是能抹去實質與形式的分別，它不但能表現心靈，還能透過音符與曲調來引發感動的共鳴，莫怪《論語》中

〔註21〕參蔣錫昌著：《老子校詁》（臺北：東昇文化出版公司，1980年），頁2。

〔註22〕參（漢）鄭玄注，（唐）賈公彥疏：《周禮注疏》（臺北：藝文印書館，重刊宋本十三經注疏，2001年），頁151。

〔註23〕同前註，頁283。

〔註24〕參朱光潛著：《文藝心理學》，收入於《朱光潛全集》第一卷（合肥：安徽教育出版社，1996年），頁501。

記載：「子在齊聞《韶》，三月不知肉味，曰：『不圖爲樂之至于斯也。』」〔註25〕足見美好音樂的巨大感染力。又《尚書·舜典》：「帝曰：『夔！命汝典樂，教胄子。直而溫，寬而栗，剛而無虐，簡而無傲。詩言志，歌永言，聲依永，律和聲；八音克諧，無相奪倫；神人以和。』」這段文獻通常被視爲是「詩言志」說的起點來進行解讀，但在音樂的領域來看，除了音樂的教育功能之外，在「樂」的內容上需包括詩、歌、聲、律的彼此配合，並注入「八音克諧，無相奪倫」的要求，方能達到「神人以和」的境界；而音樂同時亦具有「直」、「溫」、「寬」、「栗」、「剛」、「無虐」、「簡」、「無傲」等諸德行，兩兩互補，以達中和。〔註26〕如此說來，音樂所具有的薰染功能、教育意義乃來自於其內在的感悟特質，透過種種德行與情意美感的相互作用，建構出「音樂」內在獨有的美學意義。「禮」亦是如此，以「禮」來說，其實就是一套未成文的「法」，雖未經嚴格的法條規範，但透過道德意識的貫徹與發酵，乃逐漸形成一套柔性的「禮制」，作用於人之日常行爲、活動、甚至外在儀容樣態上。關於「禮」，古代典籍中做了大量的陳述，從殷周爲了建構尊卑長幼等級制的統治秩序，到漢代「三禮」對種種禮節儀文的具體、細膩記載，皆明顯「禮」乃中國文化中一脈重要的傳統，而一如李澤厚所言：「從孔子起的儒家正是這一歷史傳統的承繼者、維護者、解釋者。」〔註27〕故「禮」之於儒家來說，已不僅僅是一套禮節儀文，而是內化於修養進路之中，轉換其身段而爲成全君子、聖賢形象內蘊的必要特質之一。《左傳·昭公二十五年》，子產曾言：

　　禮，上下之紀，天地之經緯，民之所以生也。〔註28〕

〔註25〕參（魏）何晏注，（宋）邢昺疏：《論語注疏》（臺北：藝文印書館，重刊宋本十三經注疏，2001 年），頁 61。

〔註26〕曾守正在其論著中認爲：《尚書·堯典》的這段文獻有四點值得注意：
1. 命夔典樂，並用以教導胄子，所以，樂具有教育功能。
2. 樂可以陶養性情，使人具有「直」、「溫」、「寬」、「栗」、「剛」、「無虐」、「簡」、「無傲」諸德行；且兩兩互制互補，導向中和之道。
3. 樂的內容包括詩、歌、聲、律的彼此配合。
4. 詩、歌、聲、律的靜態條件，須注入「八音克諧，無相奪倫」的要求，才能達到「神人以和」的境界，並且體現眞正的樂。
以上參見氏著：〈孔孟說詩活動中的言志思想〉，收入於《鵝湖月刊》第 25 卷第 6 期，頁 5。

〔註27〕參李澤厚著：《華夏美學》（臺北：三民書局，1996 年初版），頁 16。

〔註28〕參（晉）杜預注，（唐）孔穎達正義：《春秋左傳正義》（臺北：藝文印書館，重刊宋本十三經注疏，2001 年），頁 891。

足見「禮」的「神聖」性能，絕非一套祭禮儀文那樣單純。《左傳‧昭公二十五年》對「禮」與「儀」的差別亦有深刻的記載：

> 子大叔見趙簡子。簡子問揖讓周旋之禮焉。對曰：「是儀也，非禮也」。
> 簡子曰：「敢問何謂禮？」對曰：「吉也聞先大夫子產曰，夫禮，天之經也，地之義也，民之行也。天地之經，而民實則之，則天之明，因地之性，生其六氣，用其五行，氣爲五味，發爲五色，章爲五聲，淫則昏亂，民失其性，是故爲禮以奉之。爲六畜、五牲、三犧，以奉五味；爲九文、六采、五章，以奉五色；爲九歌、八風、七音、六律，以奉五聲；爲君臣、上下，以則地義；爲夫婦、外內，以經二物；爲父子、兄弟、姑姊、甥舅、昏媾、姻亞，以象天明；爲政事、庸力、行務，以從四時；爲刑罰、威獄，使民畏忌，以類其震曜殺戮；爲溫慈、惠和，以效天之生殖長育。民有好惡喜怒哀樂，生於六氣，是故審則宜類，以制六志。哀有哭泣，樂有歌舞，喜有施舍，怒有戰鬥。喜生於好，怒生於惡。是故審行信令，禍福賞罰，以制死生。生，好物也。死，惡物也。好物，樂也。惡物，哀也。哀樂不失，乃能協於天地之性，是以長久。」簡子曰：「甚哉！禮之大也。」〔註29〕

由簡子之言，可見得「禮」之於社會秩序的建構與施行，特別在早期的封建制度下，著實扮演著舉足輕重的地位，相關天地之正常運作與民生大事。相對於「樂」的感染教化，「禮」的主旨更在於提供一整體的存有秩序，雖然進路不同，但二者的終極目標卻是殊途同歸。《論語‧學而》：「禮之用，和爲貴。先王之道斯爲美。」「和」既爲「禮」所推擴而成的質性之一，所追求的乃是「自然規律與人的目的的和諧統一」〔註30〕，亦即在「天人關係」的微妙基點上尋求普遍存有的平衡。〔註31〕若對應至音樂上來說，中國古代的音樂審美觀亦離不開「平和」的特質。李澤厚言：「中國古代所追求的是情感符合現實身心和社會群體的和諧協同，排斥偏離和破壞這一標準的任何情感（快樂）和藝術（樂曲）。音樂是爲了從內心建立和塑造這種普遍性的情感形式，這也

〔註29〕 參（晉）杜預注，（唐）孔穎達正義：《春秋左傳正義》（臺北：藝文印書館，重刊宋本十三經注疏，2001年），頁888－891。
〔註30〕 參李澤厚，劉綱紀主編：《中國美學史》（臺北：漢京文化事業，1986年），頁110。
〔註31〕 參劉順利著：〈樂記之「和」論〉，收於《天津師大學報》第4期（2000年），頁58－63。

就是『樂從和』的美學根本特點。」〔註32〕若就李澤厚的說法,「樂從和」的美學特點乃是爲了建立符合現實身心和社會群體和諧的普遍情感,亦即企圖以音樂之「和」來連結個人與群體間的關係。反觀〈樂記〉之「和」,除了具有「調和」、「應和」等義,還具有「和順」、「平順」和「和睦」、「協和」的意義在內。近人李美燕的研究中,有將孔子稱道之「雅樂」做一還原工作者,並歸納出幾個特點:〔註33〕

（一）是齊奏爲主

（二）是曲調簡單

（三）是節拍緩慢

（四）是音色和諧

（五）是節奏分明

（六）是音階少變化,一調到底,不轉調

　　由這些歸納可知,雅樂的特色主要以「簡單」、「緩慢」爲中心原則,一如孔子所強調溫良、婉約的美感;進而講求齊奏時的和諧,齊奏時眾聲齊鳴,聲音雜多紛呈,如何在齊奏中顧及音色的和諧、節奏的分明,即是雅樂值得細細品味、欣賞之處。雅樂之所以成爲雅樂,乃是因其平和之氣能浸潤蘊養吾人之性,達到昇華人心的目的。故《禮記‧樂記》:「大樂必易,大禮必簡。」〔註34〕又:「是故,樂之隆,非極音也。……清廟之瑟,朱弦而疏越,一倡而三歎,有遺音者矣。」〔註35〕如此「和諧」、「簡易」之美,造就了儒家樂論獨特的藝術特質,莫怪乎孔子在齊聞「韶」,要「三月不知肉味」了!而儒家思想氛圍下「禮樂合德」的概念,乃首要連結於儒家樂論中「和」的存有秩序之下,成就儒家樂教特有的和諧秩序美!

　　儒家對於藝術「發乎情,止乎禮義」的要求〔註36〕,使得〈樂記〉雖然多次強調「凡音之起,由人心生也。」〔註37〕但最終音樂藝術的情感是必須

〔註32〕參李澤厚:《華夏美學》,頁 27－28。

〔註33〕參李美燕著:《中國古代樂教思想》(高雄:麗文文化公司,1998 年初版),頁 187－188。

〔註34〕參《禮記注疏》,頁 668。

〔註35〕同前註,頁 665。

〔註36〕參(漢)毛亨傳,(唐)孔穎達疏:《毛詩正義》(臺北:藝文印書館,重刊宋本十三經注疏,2001 年),頁 17。

〔註37〕參《禮記注疏》,頁 662。

不違禮教政治的需要。換句話說，音樂須與禮教相輔相成，始能達到儒家樂教所要求的境界。所謂：

> 樂也者，動於內者也；禮也者，動於外者也。故禮主其減，樂主其盈。禮減而進，以進為文；樂盈而反，以反為文。禮減而不進則銷，樂盈而不反則放；故禮有報而樂有反。禮得其報則樂，樂得其反則安；禮之報，樂之反，其義一也。〔註38〕

又：

> 樂也者，情之不可變者也。禮也者，禮之不可易者也。樂統同，禮辨異，禮樂之說，管乎人情矣。〔註39〕

透過禮樂內外的相生相輔，可使在「樂」中充分發揮性情之際，不致放蕩失節；而禮樂的一異一同又於無形之中通貫了人情，依順著自然的法則，成就為精妙的樂情與具體的禮儀。除此之外，孔子於《論語》中，亦時以禮樂並提的方式來強調、說明「樂以濟禮」的原則。如：「文之以禮樂，亦可以為成人矣。」〔註40〕又從修身角度言：「興於詩、立於禮、成於樂。」〔註41〕音樂因為具有能感染、陶冶人心的藝術特徵，所以可以養人之性情。「樂以濟禮」正因為「樂」能從根本處化人之性，且具有和同不逆的特質，故《史記・滑稽列傳》託名孔子而言：「禮以節人，樂以發和」〔註42〕；《荀子・勸學》亦有「禮之敬文也，樂之中和也」〔註43〕之說。

儒家之「和」，與禮、樂當然脫離不了關係，然其影響及效用並非侷限於此。《禮記・樂記》：

> 樂者，德之華也。金石絲竹，樂之器也。詩言其志也，歌詠其聲也，舞動其容也。三者本於心，然後樂氣從之。是故情深而文明，氣盛而化神。和順積中而英華發外，唯樂不可以為偽。〔註44〕

「詩」、「歌」、「舞」三者皆本於心。「詩」以言明心志，「歌」以抒發心境，「舞」則活化心境之狀態，此三者皆攝於「樂」，透過音樂的表現來達到「和順積中

〔註38〕 參《禮記注疏》，頁699。
〔註39〕 同前註，頁684。
〔註40〕 參《論語注疏》，頁125。
〔註41〕 同前註，頁71。
〔註42〕 參（漢）司馬遷著：《史記》（北京：中華書局出版，1997年），頁3197。
〔註43〕 參梁啟雄著：《荀子簡釋》（臺北：木鐸出版社，1988年），頁8。
〔註44〕 參《禮記注疏》，頁682。

英華發外」之內外相容的表現狀態。也就是說,「詩」、「歌」、「舞」三者皆本於心,最後統攝在「樂」,而「樂」的最大特質即在求心中之「樂」,並以「和」爲「樂」之原則。如此之「和」心與「和」境,推擴至儒家思想其他方面,一如詩情之「溫柔敦厚」、甚或孔子與曾點亟欲追求的「莫春者,春服既成,冠者五六人,童子六七人,浴乎沂,風乎舞雩,詠而歸。」〔註45〕的悠然、無爭境界,一言以蔽之,曰「和」而已矣!

總歸而言,「和」在「禮」、「樂」的創制與應用上,適具入於內而發於外的衍外意義;亦即「和」內化於儒家思想中,成爲一隱性的元素對儒家思想的**趨**向產生作用,並透過「禮」、「樂」的施行而獲得實現。這是儒家思想經由內蘊進而向外推展施行所成就的衍外作用與意義,而此思想進路之所以可能,主要承繼自孔子所面對周末以來禮崩樂壞所及之社會面「幽暗意識」而起的正視與警惕,「和」被內化爲儒家思想中根源性的需求,透過「禮」、「樂」或君子、聖賢的養成進一步具體呈現,亦是「和」在儒家思想中內外化成次第關係中「入於內而發於外」的第一層進路。

貳、儒家樂論中以「和」成德之聖人格局

儒家之「和」入於內而發於外的第一層進路,是內化之「和」透過外在「禮」、「樂」而獲得實現,並對社會或人心、性的改造產生意義。由中國早期的文獻記載,我們可以發現,中國的原始音樂活動大多與圖騰祭禮有關〔註

〔註45〕參《論語注疏》,頁100。

〔註46〕《呂氏春秋・仲夏紀》:「帝顓頊生自若水,實處空桑,乃登爲帝,惟天之合,正風乃行,其音若熙熙淒淒鏘鏘。帝顓頊好其音,乃令飛龍作效八風之音,命之曰承雲,以祭上帝。乃令鱓先爲樂倡,鱓乃偃寢,以其尾鼓其腹,其音英英。」此處所說的「承雲」,據傳是祭祀上帝的樂舞,而黃帝部落以雲爲圖騰,故其可能是崇拜雲圖騰的樂舞。參見(秦)呂不韋等撰:《呂氏春秋》(臺北:廣文書局,1965年),頁69;又《左傳》昭公十七年:「昔者黃帝以雲紀,故爲云師而云名。」見《春秋左傳正義》,頁835。另《說文解字》:「巫,祝也,女能事無形,以舞降神者也。」巫者通鬼降神的方式是使用歌舞表演的儀式。《書・伊訓》說:「敢有恒舞於宮,酣歌於室,時謂巫風。」疏曰:「巫以歌舞事鬼,故歌舞視爲巫覡之風俗也。」所以大體上可以斷定,巫者的歌舞是一種降神儀式,藉由祭祀活動以鬼神之力爲人消災致福,是中國原始社會不可缺少的特殊宗教儀式。由此可見早期的音樂活動多與圖騰祭禮有關。參(漢)許慎撰,(清)段玉裁注:《說文解字注》(臺北:黎明文化事業公司,1974年初版);《尚書正義》,頁115。呂大吉主編:《宗教學通論》(臺北:博遠出版有限公司,1993年)。

46〕，講求的是音樂、詩歌與樂舞三者結合的整體美感。一直到「韶樂」的出現，才有了規模較大的音樂陣容與樂舞安排。《論語・八佾》：「子謂《韶》：『盡美矣，又盡善也。』」〔註47〕此處是言「韶」樂之聲與舞的盡美，而揖讓受禪，其聖德又盡善也。孔子評論「韶」樂的一番話，不僅賦予音樂以美、善的概念，更因此開啓了儒家討論音樂的一扇新窗，繼起之後學者皆受其影響，進一步在孔子論樂的基礎上進行意義的強化，除了重視音樂與社會的關係，還進一步以儒家「成德」的思想來貫串音樂與個人。音樂所扮演的角色不再單純只與圖騰或祭祀有關，它攸關整個儒家思潮「成德」的傾向，也標明了儒家對於美好人格的追求與愛慕。不容諱言，儒家思想的終極目標乃是在培養理想的人物。在儒家樂論中，不管是孔子對於「君子」與「聖賢」的深深戀慕，或是荀子所追求「全」、「粹」的人格美，皆可由此探見端倪。而在音樂之於人格特質、甚或聖賢形象相互投射的過程中，有一個十分重要的概念，即：以「和」成德的人格養成。在儒家樂論的體系下，以「和」成德的概念是如何可能？又是透過怎樣的方式來進行呈現？

　　首先必須要面對的，便是「儒家美學」及「儒家思想中所認定的美究竟爲何」的問題。顏崑陽在其著作中提及：「先秦儒家美學是存有論的美學，而不是藝術學。他們是從人的價值存有的入路，去解答『美是什麼』以及『美如何存在』這種美學上的基本問題。」〔註48〕其又言：「『存有秩序美』與『主體人格美』二義，即是先秦儒家美學的中心觀念。而兩者之間並非截然二元，實爲體用相即的關係。」〔註49〕當然，儒家所謂「存有秩序美」是透過「和」的存有秩序所引導展現，而在「存有秩序美」與「主體人格美」體用相即的發用模式下，人之價值存有問題的省思，乃將先秦儒家的「美」結穴於一道德論之下。就儒家中心思想中對聖賢人格及形象的追尋來說，以「音樂」爲例，儒家所認同之雅樂的特質，與理想人格之間的投射是可以肯斷的，也是有跡可尋的；然以音樂爲媒介所推擴的「存有秩序美」的「和」與「主體人格美」之間，是否依存著以「和」成「德」的工夫進路？孔子於〈陽貨〉中對「禮」、「樂」的評價有言：

〔註47〕參《論語注疏》，頁32。
〔註48〕參顏崑陽著：〈論先秦儒家美學的中心觀念及其衍生意義〉，收入於淡江大學中國文學研究所主編：《文學與美學・第三冊》（臺北：文史哲出版社，1992年），頁436。
〔註49〕同前註，頁437。

　　禮云禮云，玉帛云乎哉！樂云樂云，鐘鼓云乎哉！〔註50〕

又〈八佾〉：

　　人而不仁，如禮何？人而不仁，如樂何？〔註51〕

「玉帛」、「鐘鼓」爲成就「禮」、「樂」之「器」，然終究只是一種物質表象，如果缺乏以「仁」爲主的中心思想，則一切演奏及大規模的祭禮儀式將流於空泛，這樣一來，不僅無法顯現出「禮」、「樂」的內在意義，則連「禮」、「樂」超越性的精神意義也被一併取消。一如顏崑陽所提出的所謂：「物質表式」與「精神表式」〔註52〕，由此關於「禮」、「樂」的內在意義關係或可以進一步衍申爲：「玉帛」、「鐘鼓」只是「禮」、「樂」的「物質表式」，這形式無法深入人心發生作用，唯有輔以「仁」德，開顯出「禮」、「樂」既有的精神。而透過其「精神表式」所展現的，向上呈現的是「禮」、「樂」的「和」境，這是「禮」、「樂」創作時的基本內涵，既內在又超越；往下伸展的，則是「禮」、「樂」的「物質表式」經過主體生命價值辯證融合之後，所呈現具備道德性及合理性內容，且足資運用的「禮儀」或「禮文」；而以橫向發展來看，代表的是構成「禮」、「樂」的必要條件，一邊是「玉帛」、「鐘鼓」等「器」，另一邊則是最重要的元素「仁」德，乃形成一個物質性與精神性共構的十字架構。不過必須注意的是，此處之「仁」所指的是「仁」之遣用，而非超越「仁」境之達成：

〔註50〕參《論語注疏》，頁156。

〔註51〕同前註，頁26。

〔註52〕顏崑陽言：「『物質表式』在美學意義上是官能經驗所感取之對象的物質結構形式，故爲一靜態性之表式，而『精神表式』則是精神經驗所感取之對象的視聽言動形式，故爲一動態性之表式。『物質表式』所具現之美可以不涵人存的價值內容而獨立由官能直覺感取。但是，『精神表式』所具現之美則必隱涵人存的價值內容，故其感取之主體亦非官能之『感性直覺』，而是人的道德本心所發顯之『智的直覺』。」也就是說，「物質表式」是對象對官能經驗的第一衝擊，是直接的、不經過「心」的作用內化的首出感覺，因此其判斷在於接觸時的第一印象；而「精神表式」則是通過道德心的價值判斷，進而開顯出此對象內在的最大意義。值得注意的是，「物質表式」與「精神表式」的意義雖然是透過其作用發顯之後的外在判斷，但主要意義仍落在被判斷者上，而非判斷者的意志。以上參見氏撰：〈論先秦儒家美學的中心觀念及其衍生意義〉，收入於淡江大學中國文學研究所主編：《文學與美學・第三冊》，頁432。

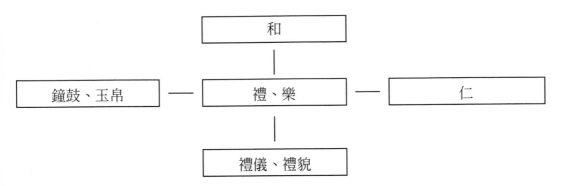

以上這個圖，所呈現的亦是儒家思想中以「和」成德如何可能的途徑與管道。當「禮」、「樂」的「器」與「德」之間有了完美的配合，所構成的「禮樂」是具有文化生命力的，亦才能開展出「和」的精神境界。然值得注意的是，此處的「和」，是〈樂記〉中所提到的：「大樂與天地同和……和故百物不失」〔註53〕之「和」，是具有超越意義的境界，而非構成「禮樂」的內具因素。

既然在儒家的思想脈絡之下，透過「禮」、「樂」化成的途徑來成德是為可能，而實際上，「成德」的概念亦不僅僅出現在儒家的音樂觀中，反之，是以儒家思想體系追求的中心地位存在。《論語》中孔子論「仁」、論「忠恕」之道、論「成人」之方……等，皆屬「成德」工夫論的範疇，然儒家樂論乃是一成德之音樂觀，以「禮樂合德」、「美善相濟」為主要的方向，並結合音樂的美感形式來達到儒家思想體系中所要求的人文情操，當儒家將教育的理念寄寓於樂論中，也勢必將儒家思想的傳統模式重現於其中。於是乎，儒家思想中關於音樂的部分，或是儒家諸子對於音樂的看法與評論，往往是其理想境界的再創造與發揮，而音樂本身也承載了與情感、性情間聯繫的特質，一如《禮記‧樂記》所言：

> 寬而靜、柔而正者宜歌頌；廣大而靜、疏達而信者宜歌大雅；恭儉
> 而好禮者宜歌小雅；正直而靜廉而謙者宜歌風；肆直而慈愛者宜歌
> 商；溫良而能斷者宜歌齊。〔註54〕

在此特殊情境之下，「音樂」也因此被賦予許多的道德本質及意義。《周禮‧春官宗伯‧大司樂》：

〔註53〕參《禮記注疏》，頁 668。
〔註54〕同前註，頁 701。

> 凡有道者、有德者，使教焉；死則以爲樂祖，祭於瞽宗。以樂德教
> 國子：中、和、祗、庸、孝、友。以樂語教國子：興道、諷誦、言
> 語。以樂舞教國子舞〈雲門〉、〈大卷〉、〈大咸〉、〈大磬〉、〈大夏〉、
> 〈大濩〉、〈大武〉。〔註55〕

由此乃知，「樂」之本質與內容不只唯一，有所謂「樂德」、「樂語」。「樂」之
六德，鄭玄注曰：「中，猶忠也；和，剛柔適也；祗，敬；庸，有常也；善父
母曰孝，善兄弟曰友。」〔註56〕「忠」、「敬」、「剛柔適」之美德，皆是透過
音樂所能傳達的道德教化，而以此教國子，乃是希冀以音樂之德感化人心。
而「樂語」更是具有「興道、諷誦、言語」三大指標性作用，與〈詩〉之「興、
觀、群、怨」等感物、興發、怨諷作用而論，乃有異曲同工之妙！

　　除了音樂於儒家思想中本然內具的道德特質之外，在君子成德與音樂的
配合上，《論語・八佾》有言：

> 子語魯大夫樂曰：「樂其可知也。始作，翕如也；從之，純如也，皦
> 如也，繹如也，以成。」〔註57〕

根據朱熹的注解：「翕」，合也；「從」，放也；「純」，和也；「皦」，明也；「繹」，
相續不絕也。〔註58〕此是言孔子對魯太師論樂之語。是說音樂剛開始的時候，
強調各樂器的相合；音樂的聲音揚開以後，注重的是音調的和諧、音節的分
明，以及全套音樂的一氣呵成。表面上看來是講制作音樂的原則，但落實至
儒家對所謂「聖人」或「君子」的要求，何嘗不是如此？在孔子的認知之下，
君子必須是「和而不同」的，君子之心和，一如音樂開始演奏時強調樂器的
相合，樂器需有一定的搭配，方能呈現出好的演奏效果，不適任的樂器予以
篩選淘汰，就像無法心和，稟性無法一定，便無法成爲君子一般；選定了好
的樂器，在演奏時又需尋求一和諧的演奏狀態，方能取消對立的因素進而達
成和諧的氣氛。君子之「不同」，即在於個人之堅持及不隨波逐流的態度，但
在個人的堅持背後，講求的仍是群體活動的和諧，因此君子除了個人風格的
樹立與端正，尚須具備與群體和諧共處，但卻不隨波逐流的美德，最後與整
個社會群體達成完滿的互動關係，強調的亦皆是一種和諧、秩序、一以貫之

〔註55〕參《周禮注疏》，頁 337～338。
〔註56〕同前註，頁 337。
〔註57〕參《論語注疏》，頁 31。
〔註58〕參朱熹：《四書章句集注》，頁 28。

的美感。以上所言，重點在君子之德與音樂之德的相互投射上，然就整體成德境界而觀，「樂」之「和」與身心、天人之間的和諧，究竟如何具體表現？又該是怎樣的尺度與依歸呢？《左傳‧襄公二十九年》：

> 至矣哉！直而不倨，曲而不屈，邇而不偪，遠而不攜，遷而不淫，復而不厭，哀而不愁，樂而不荒，用而不匱，廣而不宣，施而不費，取而不貪，處而不底，行而不流。五聲和，八風平，節有度，守有序，盛德之所同也。〔註59〕

此段所呈現的，乃是樂之「和」的具體表現，是一普遍性情感和諧展現的形式，隱隱強調著內在情感的不可過度。李澤厚認為，此即所謂「樂而不淫，哀而不傷，怨而不怒」，亦即「溫柔敦厚」的風範。〔註60〕若再擴充言之，則可符合子貢所言孔子之五德：「溫、良、恭、儉、讓」。孔子以此五者來修德，正其身、立其言、端其性，故「夫子之求之也，其諸異乎人之求之與！」〔註61〕而一超然的聖賢典型亦於此處昭然若揭。

　　再者，若就前面所言說的，儒家樂論對於個體人格的投射包含了諧和、秩序、中和以及溫柔敦厚等美德，進一步審視之，則裡頭已包含了「禮樂合德」的成分。所謂「立於禮、成於樂」，亦即此意。由《禮記‧樂記》的內容即可知先王定禮樂不執一偏，而同時以禮樂來教導人民，使其恢復天性的平衡，如：

> 先王之制禮樂也，非以極口腹耳目之欲也，將以教民平好惡而反人道之正也。〔註62〕

又：

> 聖人作樂以應天，制禮以配地。禮樂明備，天地官矣。〔註63〕

當禮樂達到既明且備的地步，則人與天地各應其職，內外兼修備善，進一步將精神境界提升至極致。如此一來，便突破了藝術的有限性，而將生命融合、浸潤於藝術境界的和諧統一中。這是「人」與「樂」間內在精神境界的相契應處，聖賢主體透過制樂而達應天配地之境，禮樂薰陶深入於心，則成全以「和」成德的聖人內在格局。

〔註59〕參《春秋左傳正義》，頁671。
〔註60〕參《華夏美學》，頁27。
〔註61〕參《論語注疏》，頁7。
〔註62〕參《禮記注疏》，頁665。
〔註63〕同前註，頁671。

　　除了內在精神境界的基本要求之外，儒家樂教成德概念下的理想人格，尚須具備敏銳的聽判及積極的創制能力，而這也是成爲儒家思想下的「聖人」或「君子」所必須具備的條件之一。《禮記・樂記》：

> 知聲而不知音者，禽獸是也；知音而不知樂者，眾庶是也。唯君子
> 爲能知樂。〔註64〕

又《荀子・樂論》：

> 君子明樂，乃其德也。〔註65〕

由此可知，在「聲」、「音」、「樂」的創制進程中，存在著「禽獸」、「眾庶」與「君子」的差別，唯有君子才能懂音樂的效用；換言之，其扮演的便是一「善聽者」的角色。而所謂「善聽」，指的即是「耳根圓通，聞聲知情」〔註66〕的主體聽覺判斷過程。《風俗通義校注》中，漢人治經之語有言：

> 聖者，聲也，通也。言其聞聲知情，通於天地，條暢萬物，故曰聖。
>
> 〔註67〕

另班固於其《白虎通德論》卷六中亦明揭：

> 聖者，通也，道也，聲也。道無所不通，明無所不照，聞聲知情，
> 與天地合德，日月合明，四時合序，鬼神合吉。〔註68〕

漢人治經，以「聖」爲「通」、「道」、「聽」之義。「通」者，乃通天地之配應、通人心性之歸趨；「道」者，乃以言行符應聖賢之道，反身自求浸潤、暢行於道中，從心所欲不踰矩；而所謂「聽」者，郭沫若《卜辭通纂・畋游》有云：

> 古聽、聲、聖乃一字。其字即作耳口，從口耳會意。言口有所言，
> 耳得之而爲聲，其得聲動作則爲聽。聖、聲、聽均後起之字也。聖
> 從耳口壬聲，僅於耳口之初文符以聲符而已。〔註69〕

漢人以「聖」爲「聞聲知情」者，或是承繼儒家樂論中一貫的說法，然根據郭沫若所言，「聖」、「聽」、「聲」意義一貫其實來源甚早，故「聖人」之「善聽」成爲其之所以爲「聖人」的必要條件之一。由此可知，「君子」與「聖人」

〔註64〕參《禮記注疏》，頁665。

〔註65〕參梁啟雄：《荀子簡釋》，頁282。

〔註66〕參楊儒賓著：《儒家身體觀》（臺北：中央研究院中國文哲研究所籌備處，1996年），頁192。

〔註67〕參王利器校注：《風俗通義校注》（臺北：明文書局，1982年），頁618。

〔註68〕參（漢）班固纂集：《白虎通德論》（上海：上海商務印書館，四部叢刊影印元大德九年（1305）重刊宋監本，1929年），頁5。

〔註69〕參郭沫若著：《卜辭通纂》（臺北：大通書局，1976年），頁489。

之概念便縮合於「聞聲知情」之情境中，而「聖」一詞的概念在漢人的認知中，除了與天地相通之外，尚與聲音及情感有關。總此云云，則「善聽者」與「聖」的意義產生貫連，儒家樂教中亟欲追求之「聖賢」、「君子」角色與境界乃不揭自明。而因爲聖者之善聽，故其所聽聞，不僅僅是音樂的單複、高埤、升降，尚包括了隱含於其中的善惡。故曰：

> 知樂，則幾於禮。禮樂皆得，謂之有德。〔註70〕

另：

> 君子之聽音，非聽其鏗鎗而已也，彼亦有所合之也。〔註71〕

足見「知樂」與「有德」間，無法忽略的雙向聯繫。君子既能懂音樂的效用，又能由其中產生聯想，與之相和，然相和之際，是否能進一步進行創制呢？《禮記・樂記》對於禮樂創制的條件作出以下的陳述：

> 故知禮樂之情者能作，識禮樂之文者能述。作者之謂聖，述者之謂
> 明；明聖者，述作之謂也。〔註72〕

凡是懂得禮樂效用及內在精神的人便能進行創制，只記得禮樂之文飾者則只能複述。能創制者稱「聖」，只能複述者稱「明」。由此我們又可以知道，所謂之「聖」，以一「善聽者」的角色出現，在瞭解了禮樂先天與後天關係之後，創制禮樂乃成爲可能〔註73〕。

「聖」之創制禮樂的能力，來自於其「聞聲知情」的特質；而「君子」之「知樂」、「明樂」，亦爲其進行禮樂的創制提供了有利的條件。《荀子・樂論》關於此即言：

> 君子以鐘鼓導志，以琴瑟樂心；動以干戚，飾以羽旄，從以磬管；
> 故其清明象天，其廣大象地，其俯仰周旋有似於四時。故樂行而志
> 清，禮脩而行成，耳目聰明，血氣和平，移風易俗，天下皆寧，美
> 善相樂。〔註74〕

其中「鐘鼓導志」、「琴瑟樂心」、「動以干戚，飾以羽旄，從以磬管；故其清

〔註70〕參《禮記注疏》，頁 665。
〔註71〕同前註，頁 693。
〔註72〕同前註，頁 669。
〔註73〕因爲樂本於人聲之自然而起，禮則因後天的需要而作。所以，禮踰越秩序則紊亂，樂踰越和諧則暴慢。認清這先天後天的關係，然後能創制禮樂。所謂「樂由天作，禮以地制。過制則亂，過作則暴。明於天地，然後能興禮樂也。」
〔註74〕參梁啓雄：《荀子簡釋》，頁 281。

明象天，其廣大象地，其俯仰周旋有似於四時」，足見「君子」的行止操持，一如完整的雅樂演奏，動靜、疾徐、出處皆宜，不失節度。而在此景況之下，則於潛移默化中移風易俗，達到「天下皆寧，美善相樂」之境。由此可知，儒家樂教中所謂的「君子」或「聖人」，雖然因著道德境界的相異有著概念層級上的差別，然在儒家樂論的認知中，二者皆具有創制的能力，且必在音樂的喜樂之下依循著正道而不偏頗，使得樂教大行且志意清明，禮教修明而美行遂成。

　　綜合以上所言，藉由儒家樂教中音樂特質與人格特性的連貫，可知儒家樂教的內在精神境界所追求的，乃是和諧、秩序與一以貫之的人格美；而在「樂從和」的基礎之下，所強調的又是君子的「和而不同」與「溫柔敦厚」；這兩者在「禮樂合德」的基本理則下，皆可於「溫、良、恭、儉、讓」五德中獲得實現。此外，除了內在的德行之外，儒家樂教中成德概念下的理想人格尚包括「善聽者」的特質，能分辨雅樂、淫樂，在善惡的分野進行對人性的調解，使眾人之天性獲得平衡；在瞭解音樂效用及禮樂先天後天關係的基礎之上，對音樂進行重新的創制，使得樂教大行而禮教修明。

　　中國古代對於音樂的討論，雖然一直要到嵇康〈聲無哀樂論〉的出現，才有了極具思辯色彩的音樂美學論文。然儒家對於音樂「實用性」的理解，及其賦予於音樂之上的道德教化意義，皆是我們要理解儒家思想不可或缺的材料。如此說，當然不是要否決掉儒家樂論中對於音樂藝術性的討論。相反的，儒家樂論乃是秩序美、人格美與藝術美和諧統一的狀態。儒家樂教中的成德概念，不可否認地，呈現了一個隱性的、但足以使眾人「心嚮往之」的理想人格。與其說是儒家重視音樂的結果，毋寧說是儒家對人格美鍥而不捨的追求！而就「秩序美」而言，《禮記‧樂記》中有云：

　　　　樂者，通倫理者也。〔註75〕

又：

　　　　聲音之道，與政通矣。宮爲君，商爲臣，角爲民，徵爲事，羽爲物。
　　　　五者不亂，則無怗滯之音矣。宮亂則荒，其君驕。商亂則陂，其官
　　　　壞。角亂則憂，其民怨。徵亂則哀，其事勤。羽亂則危，其財匱。
　　　　五者皆亂，迭相陵，謂之慢。如此，則國之滅亡無日矣。〔註76〕

〔註75〕參《禮記注疏》，頁 665。
〔註76〕同前註，頁 664。

由此說來，聲音的道理顯然與政治相通。以五音比附「君、臣、民、事、物」五者，如果五音協調，就能奏出協調的樂音；相對的，「君、臣、民、事、物」五者不交相侵犯，則政治便可清明寬和。此處所強調的，乃是各層級間的各司其職、各安其位。而所謂音樂之形成：

> 凡音之起，由人心生也。人心之動，物使之然也。感於物而動，故形於聲。聲相應，故生變；變成方，謂之音；比音而樂之，及干戚羽旄，謂之樂。〔註77〕

「聲」、「音」、「樂」三者的產生與關聯，和聽樂者「禽獸」、「凡人」、「君子」之間產生了對應關係〔註78〕，再加上音樂之通人倫物理，隱隱然一套具有禮教意義的秩序油然而生。階級、禮教、倫理三者的井然有序，乃成就了儒家樂教中的秩序美。

子曰：「志於道，據於德，依於仁，游於藝。」〔註79〕關於此四者的先後進程問題，歷來引起許多的討論。「游於藝」之「藝」，何晏認為是指「六藝」，即禮、樂、射、御、書、數。若由此來說，「樂」當然是包含在其中〔註80〕，而與「樂」相對應之「游」，則強調一種「自由感」或「自由愉悅」的含意〔註81〕，這種自由的感受，正是藝術創造的感受，亦即審美的感受。中國人對藝術的要求，往往是希望能看到一個廣闊而又深邃，可以讓心靈自由徜徉其中的完整、獨特的精神世界，如此則不僅是審美主體還原到本然狀態時內在情感的自然流露，同時也是天地萬物、上下同流，各得其所之妙！

不容諱言，秩序美、藝術美與人格美的和諧統一，是儒家音樂觀的最大特色。相對於周文疲弊、禮崩樂壞的現象，儒家樂教對於周文的義涵已經有了超越性的提升。在儒家獨特思想氛圍下，「音樂」所代表的，除了是最本然、最真實的心靈狀態之外，尚是不朽的精神與理想人格的相契應！而這樣的契應乃是建構在儒家樂論以「和」成德的聖人格局觀照之下，以「和」統之、以「和」成之！

〔註77〕參《禮記注疏》，頁662。

〔註78〕《禮記・樂記》：「是故，知聲而不知音者，禽獸是也；知音而不知樂者，眾庶是也。唯君子為能知樂。」

〔註79〕參《論語注疏》，頁60。

〔註80〕關於「藝」的範疇的說解，一直是眾說紛紜。如果把「樂」視之為一種藝術，則不論何種說法皆可涵容「樂」於其中。因為「游於藝」之「藝」，雖然不僅指藝術，但是確實是包含藝術在內的。

〔註81〕參李美燕：《中國古代樂教思想》，頁140。

就儒家思想中「和」之內外化成次第發展關係來看，乃以「禮」、「樂」的創制與應用爲主要脈絡。「和」之於「禮」、「樂」，是既包含又超越的互涉關係，起始以一內含之元素存在，充實「禮」、「樂」的本質及基本內容，內化於「禮」、「樂」之本質後，藉著「禮」、「樂」的衍外功能而加以推擴，致使以「和」成德之氛圍蔚爲風潮，因此這是一種入於內而發於外的衍外作用，之於「禮」、「樂」而言，「和」是既包含又超越於「禮」、「樂」的，其本質意義最後總歸於儒家的禮論、樂論之中，以一理論性的概念成爲儒家部分思想的指導原則；而由儒家的禮論、樂論中，又可進一步揭見儒家於人格美追求下的聖人格局。儒家禮論、樂論是一經由「禮」、「樂」衍外作用而成就的理論性概念，闡明「禮」、「樂」本然的效用，然透過禮論、樂論的抽絲剝繭，不難得見其中所寄託之對聖賢典型的企求。然單就儒家禮論、樂論來說，禮、樂本身特質的差異致使「禮」的內容呈現較單一，當然，儒家思想所寄託於「禮」的質素也較單純，不若音樂之音色、節奏、演奏方式等有別，相對思想寄託延展性也較廣，這是何以單獨討論儒家樂論中以「和」成德之聖人格局觀照的主要原因。

就此內外化成次第關係而言，「和」以一質素通貫「禮」、「樂」之本質，而推擴成其特具的衍外功能意義，歸攝於儒家禮論、樂論之中，而經由儒家禮論、樂論所形成的外在經驗原則，輔以道德相佐，進一步揭見儒家思想及樂論中所蘊含之對人格美及聖賢形象的追求，進而臻至完滿之聖人格局的呈現。在這一內一外，由外到內的概念演進中，恰正構成一內外通貫之進路，以「和」爲導線，呈現出「和」在儒家思想意義中的「引線」地位，而一切以「和」爲主的意義開顯與反思，於焉展開！

第四節　「和」義涵之思想軌跡建構

從上所論，「和」所扮演的角色及其內蘊的含意，是在一既成性的社會文化境況下影響的結果，然試就「和」之整體概念的觀察來說，其義蘊之衍化流變是否呈現出一演進脈絡，而此脈絡又適足以凸顯儒家思想在成德及進德工夫的考量下，所充分展現之工夫論與修養進程？以下亟欲以此爲觀察基點，建構以「和」之「前導性義涵」及其於儒家思想中開拓性意義爲特定觀點的義涵考察。

壹、依「用」起「和」

　　以字源來說，「禾」的字源聯繫皆有「調和」之義，而不管是調聲或調味，最後乃逐漸以「和」取代「禾」來統攝「調和」之義。在「和」尚未發展成為「中和」、「太和」等狀態義之前，其意義之建構乃來自於「功能」取向，也就是一主動式的「調和」狀態，以「和」作為某二者之間的聯繫，進而綰合以達到特定預期效果，而「和」的狀態是以動詞義來行之；也就是說，所謂「調和」的動詞意象是源自於「禾」的字源義，而依「用」起「和」的現象亦肇因於此。如《尚書・周書・蔡仲之命》：

> 爾其戒哉！慎厥初，惟厥終，終以不困，不惟厥終，終以困窮；懋
> 乃攸績，睦乃四鄰，以蕃王室，以和兄弟。〔註82〕

此段乃是在上位者告誡在下的部眾，須明治亂之機，行事必慎其初、念其終，並以所立之功親四鄰之國，來和協同姓之邦國。「和」在此處主要是聯繫所立之功與同姓之邦、諸侯之道，進而達到「睦四鄰」、「蕃王室」、「和兄弟」的成果。又如《周禮・多官・考工記》：

> 輪人為輪。斬三材必以其時，三材既具，巧者和之。〔註83〕

所謂「和」，乃是「調使得所」〔註84〕，此時雖是「調其至合」，但已非單純的動詞義，而是具有美感價值判斷的含意存在，在適得其所的同時，達到一完滿的狀態，然此完滿的狀態或境界仍尚未脫離「功用」與實用性的藩籬。

　　以「和」的發生意義來論，主要可歸納為三大項，此三大項皆可內化為起「和」之「用」，首先為「政治性」的需求：《尚書》中屢屢言及的「咸和萬民」〔註85〕、「燮和天下」〔註86〕、「協和萬邦」〔註87〕，所謂懷民以「和」，主要仍是政治立場的需求。此時的「和」，尚無法構成一存有秩序美的存在，主要是在定邦國、和群眾的價值意義上，然隱約已可見時人將「和」視為是實現理想政治的途徑之一。以「政治性」需求所起之「和」，其意義經過衍化流變，至孔子時乃內化為《中庸》之一環，成為孔子實現周代政治思想的集

〔註82〕參《尚書注疏》，頁 254。
〔註83〕參《周禮注疏》，頁 598。
〔註84〕鄭玄注曰：「調其轂內而合之。」賈公彥疏曰：「鄭以調解和轂內謂孔入轂入牙者，並須調使得所也。」
〔註85〕參《尚書注疏》，頁 242。
〔註86〕同前註，頁 282。
〔註87〕同前註，頁 20。

成，亦頗類於《中庸》之「誠」。關於此點，《中庸》曾作系統的論述：

> 魯哀公問政。子曰：……凡爲天下國家有九經，曰：修身也，尊賢
> 也，親親也，敬大臣也，體群臣也，子庶民也，來百工也，柔遠人
> 也，懷諸侯也。……凡爲天下國家有九經，所以行之者一也。〔註88〕

孔子此段的論述，蘊含了經國的條件、濟民的原則，治理國家的九經，條分
縷析，也是孔子政治思想的綜合。朱熹於其下注曰：「一者，誠也。一有不誠，
則是九者皆爲虛文矣。此九經之實也。」〔註89〕朱熹以「誠」作爲通貫此九
經之大本，〈中庸〉於後有言：

> 誠者，天之道也。誠之者，人之道也。誠者不勉而中，不思而得；
> 從容中道，聖人也。誠之者，擇善而固執之者也。〔註90〕

朱注曰：「誠者，眞實無妄之謂，天理之本然也。」〔註91〕既然眞實無妄爲天
理本然之內容，則「人之道」的工夫，即以眞實無妄爲一道德實踐的目標。
即如勞思光此處將「誠」釋爲「本性之圓滿」〔註92〕，所謂「擇善而固執之
者」亦是在境界未臻圓滿之際，行合理固執的堅持，一切只爲追尋圓滿的主
體境界，亦即具超越意義之「和」。不過，依「政治性」需求所起之「和」並
非單獨存在，而是經過「道德」的必然性整合後，方能呈顯出一最基本的本
質意義，也就是「和」的發生意義之二：「道德性」的需求。《尚書·多方》：

> 時惟爾初，不克敬于和，則無我怨。〔註93〕

「敬」與「和」的連結，標誌著周人對道德培養的重視，因爲「敬」與「和」
在此段文獻中，所代表的是一對等性的概念，以周人之「敬」所附加的強烈
道德感及當時代的思想氛圍而言，「和」亦不免感染了周人對道德要求的色
彩。《尚書·無逸》：

> 周公曰：「嗚呼！自殷王中宗及高宗及祖甲及我周文王，茲四人迪

〔註88〕 參朱熹：《四書章句集注》，頁 15－16。
〔註89〕 同前註，頁 18。
〔註90〕 同前註，頁 16。
〔註91〕 同前註，頁 18。
〔註92〕 勞思光認爲：《中庸》這些部分已涉及形上學的觀點，因此須以哲學詞語來進
行理解，方能不扭曲原意，故此處釋「誠」，勞思光以「本性之圓滿」釋之，
而「誠者，不勉而中，不思而得」亦是就「圓滿」的主體境界來說「誠」。以
上參勞思光著：《大學及中庸譯註新編》（香港：香港中文大學出版社，2000
年），頁 78。
〔註93〕 參《尚書注疏》，頁 259。

哲。厥或告之曰：『小人怨汝詈汝。』則皇自敬德。厥愆，曰：『朕
之愆，允若時。』不啻不敢含怒。」〔註94〕

此段文獻清楚地呈現周人崇「敬」的心理狀態。中宗到文王的明智，是在於
人民告知過失而有所責備、怨言時，不加以遷怒，反而承認過錯，主動反省，
充分表現出周人反身自省的主體自覺狀態，徐復觀言：

這種謹慎與努力，在周初是表現在「敬」、「敬德」、「明德」等觀念
裡面。尤其是一個「敬」字，實貫穿於周初人的一切生活之中，這
是直承憂患意識的警惕性而來的精神斂抑、集中，及對事的謹慎、
認真的心理狀態。〔註95〕

周人「敬」的觀念，開啟了中國道德人文精神的建立，大體來說，雖是一種
宗教人文化的現象，但在人文精神躍動的同時，「敬」與「和」的連結，除了
是道德性的認知，更開啟了日後儒家以「和」成德的工夫及進路，在人性論
及道德論的存有之下，「和」的種種特質方成為可能。

除了「政治性」及「道德性」需求，「和」的發生意義中最重要的一項，
就是禮樂文化的傳統。《禮記・禮運》言及原始之「禮」的產生：

夫禮之初也，始諸飲食。其燔黍捭豚，汙尊而抔飲，蕢桴而土鼓，猶
若可以致其敬於鬼神。〔註96〕

《詩經・小雅・賓之初筵》中則可見「樂」之助祭功用及特質：

籥舞笙鼓，樂既合奏，烝衎烈祖，以洽百神。〔註97〕

原始的禮樂文化是與祭祀有關，在禮儀進行之際，除了食物的奉獻，並以蕢
草紮成鼓槌，敲打以土築成的鼓，這是禮樂最初粗簡的形式。到了《詩經》
的記載，乃以各種樂器合奏來祭祀先祖、娛樂神靈。《尚書・益稷》亦有記載：

夔曰戛擊鳴球，搏拊琴瑟以詠，祖考來格，群后德讓。下管鼗鼓，
合止柷敔，笙鏞以間，鳥獸蹌蹌。蕭韶九成，鳳凰來儀。曰：「於！
予擊石拊石，百獸率舞，庶尹允諧。」〔註98〕

「百獸率舞，庶尹允諧」除了是神人共感的融洽之外，尚代表了立政以禮、
立成以樂的太平之境。禮樂所營造的，是一種和諧的氣氛，雖然此時之「和」

〔註94〕參《尚書注疏》，頁243。
〔註95〕參徐復觀：《中國人性論史・先秦篇》，頁22。
〔註96〕參《禮記注疏》，頁416。
〔註97〕參《毛詩正義》，頁492。
〔註98〕參《尚書注疏》，頁72－73。

所指涉的仍是「神人以和」的融洽，但在儒家之「和」的繼承與發生意義上，古代思想中的禮樂傳統實具有舉足輕重的地位。

貳、由「多」取「和」

依實用功能性而起之「和」，代表了從西周到春秋時期對「和」的最基本認知，繼功能性概念之後，由「多」而尋求相對性之「和」乃成爲主要脈絡。所謂「多」，包括爲數在二以上的一組概念群，及相對對立概念下所發展出來的根本性觀點。以史伯、晏嬰的「和同論」起始，繼之以整個儒家學說對美與善、文與質、樂與悲、物與欲、禮與樂等範疇的討論，藉由多數、相對或對立意義的融合辯證，尋求相對面的和諧統一。

以文學審美原則的發展來看，由「多」取「和」的階段扮演了重要的轉捩點，後世審美關於動靜、隱秀、肥瘦、燥潤、形神等的討論，均接受到相對面的諧和觀念影響。一般說來，對「和」最普遍的認知即是溫柔、和諧的氛圍，所謂「溫柔敦厚」更是儒家詩教的最高指導原則，然「溫柔敦厚」之於詩的實際批評是否可與儒家之「和」產生充分的連結？大陸學者張國慶提出一連串的說法來闡發「溫柔敦厚」的詩教與〈樂記〉所揭示的普遍藝術和諧觀本質並不相同，並進一步將儒家之「中和」區分爲「普遍藝術和諧觀的中和之美」與「特定藝術風格論的中和之美」（即「溫柔敦厚」之詩教）〔註99〕，其立論根據在於「普遍」與「特定」的差別，即〈樂記〉所闡發的是「一種以正確性原則爲內在精神的普遍的藝術和諧觀」，而詩教之溫柔敦厚「實際上就是一種溫潤和柔型的具體藝術風格，詩教就是一種強調著溫潤和柔的藝術風格特徵的特定的藝術風格論」。張國慶從理論特徵上肯定兩種藝術風格的不同，然此種說法是否會造成理解儒家美感經驗原則上的割裂與破碎？

嚴格來說，儒家詩教之「溫柔敦厚」，是儒家說詩一貫的原則及標準，並由此衍申成爲儒家式的審美批評指標，詩教之溫潤和柔、含蓄蘊藉，間接影響整個儒家思想氛圍的走向，因此詩教的精神與內涵是無法脫離儒家思想、文學而單獨存在的；再由儒家之「和」來說，張國慶之所以主張詩教與〈樂記〉中兩種藝術風格迥異，主要是因爲其以「中和之美」來對此二種藝術精神進行統攝，其言：

〔註99〕參張國慶著：《儒、道美學與文化》（北京：中國社會科學出版社，2002年），頁18。

它的深層是鮮明而突出的理性精神，凝聚著「中」、中庸的精髓；它的表層是普遍而和諧的關係結構，瀰漫著「和」的精神。中入和髓，和滲中肌，出現在美學領域中，是爲中和之美。（《儒、道美學與文化》）

關於此二種「中和之美」，張國慶繼之而論：

從思維形式看，「樂而不淫，哀而不傷」是在肯定著「兩」（「樂」、「哀」）的前提下去追求一種和諧關係，明顯地具有中和的精神；詩教則是在排斥異己因素的基礎上突出地標舉一端並執一不變（即僅只標舉「溫柔敦厚」一端而不及其餘），明顯地缺乏中和（和諧）的精神。（《儒、道美學與文化》）

張國慶這種說法，在對岸引起不小的討論熱潮，在一定的程度上對於儒家美學，特別是對一直以來「中和」之美的討論注入一股新血。然細究之，張國慶之說法似乎仍有值得商榷之處。因爲「樂而不淫，哀而不傷」就情緒性的心理反應而言，「樂」與「哀」是「兩」種不同的情緒反應，這是不容置疑的，然這是就「對立」的角度來進行預設，如果從「相對」關係來看，「樂」與「哀」是一種情緒的相對發抒，「不樂」時不一定只有「哀」一種反應，還有「怒」、「喜」等不同程度的情感呈現，因此「喜」、「怒」、「哀」、「樂」等各種情感反應變化，應是來自一種「情緒」的不同轉化，而非絕對對立的「兩」種反應，且其言「樂而不淫，哀而不傷」是在「樂」與「哀」的前提下追求和諧關係，亦即在指「樂而不淫」與「哀而不傷」之間勢必共同追求一種情感上的平衡，然未覺孔子所言〈關雎〉之文學情境，已在「樂而不淫」、「哀而不傷」中各自得到情感上的抒發與成全。「樂而不淫」追求的是「適」的美感，「哀而不傷」則講求「平」的情感宣洩，並非一定要「哀」、「樂」的配合相佐才能達成所謂「和」的美感；且其進一步言詩教之「溫柔敦厚」排斥異己，標舉一端而執一不變，這是忽略了整個儒家的文學、思想氛圍，儒家之「溫柔敦厚」，已並非只是「詩教」如此單純，其包含了文學的現實意義、社會功能，上承言志傳統，重視表現主體的胸襟情性，婉轉曲折、韻味深長，種種社會因素、主體情性、作品風格的統整雜揉，外發而爲儒家思想文學特質之一的「溫柔敦厚」，因此「溫柔敦厚」絕非排斥異己、執一不變，相反的，「溫柔敦厚」的特質乃雜揉了儒家思想、文學精神的精要之處，於「溫柔敦厚」中可以「怨」，然「怨而不怒」；可以「群」，然「和而不流」。這已是儒家之

「和」的完整表現，融合「適」、「平」、「節」等觀念於其中，成就儒家以「和」爲主的一脈美學傳統！

從儒家「和」概念的發展脈絡之『由「多」取「和」』，衍申出對於「多數」、「相對」及「對立」面和諧統一的鑑賞觸角；而透過概念源頭的追索及意義區斷，可見得「中」與「和」之個別義與互成義所引導之不同理解脈絡，此二者的意義並非全然斷裂無涉，只是在儒家多元的思想系統下，往往須以「互成義」來成全更高之生命理境，然並不抹煞各思想主體所具無可取代的獨立意義，這些獨立意義也在儒家思想或文學的不同領域中產生迥異的作用，經過整個儒家思想主要體系的統整融合，建構出屬於儒家美學特有的身段與風範。當然，「溫柔敦厚」的詩教傳統，無庸置疑地浸潤於「和」的思想氛圍之中，形成一貫的審美判斷與批評標準，若硬要將其一分爲二，則易使儒家美學更顯破碎與斷裂，無法得見理論表現之全貌。

參、反身用「和」

概念的演進除了由「功用」性的動態「調和」起始，歷經融合辯證的過程，在「雜」、「同」與二元對立的情境中尋求平衡，影響西周時代的樂教理論，並在治民與理政的要求下，達成和心而和德、和德而和政的政教理想。到了孔子，其思想除了專注於政治、安民的種種問題上，尚表現於對人格美的追求，最明顯的便是君子的養成。孔子對於君子的要求主要可細分兩部份：一是外在的行爲表徵，另一則是內在的德行要求。如〈學而〉：

> 君子食無求飽，居無求安，敏於事而慎於言，就有道正焉。〔註100〕

又〈公冶長〉：

> 子謂子產：「有君子之道四焉：其行己也恭，其事上也敬，其養民也
> 惠，其使民也義。」〔註101〕

以上皆是由外在的行爲表徵來對君子的作爲進行要求，除了對自身的期許之外，對上位者、對人民，也有一定的律己待人之道。而在內在德行要求上，〈述而〉有云：

> 子以四教：文、信、忠、義。〔註102〕

〔註100〕參《論語注疏》，頁 8。
〔註101〕同前註，頁 44。
〔註102〕同前註，頁 63。

又《孟子‧告子章句上》，孟子亦有言：

> 至於心，獨無所同然乎？心之所同然者何也？謂理也，義也。聖人
> 先得我心之所同然耳。故理義之悦我心，猶芻豢之悦我口。〔註103〕

王應麟《困學紀聞》言：「四教以文爲先，自博而約。四科以文爲後，自本而末。」〔註104〕孔子「四教」中之「文」，所指當然爲「學」，是孔子思想中不可偏廢的一項，透過學《詩》則足以言，透過學《禮》則足以立，而在「學」的過程中，內化「信」、「忠」、「義」、「理」等道德於心，「學」與「道德」兼備，方能成就「文質彬彬」之君子。所謂「文質彬彬」，即爲理性與感性的綜合體，故「質勝文則野，文勝質則史」〔註105〕，「質」或「文」任一方的偏勝皆是一種「過」，唯有適均調和，方使「文質彬彬」之君子成爲可能。孟子在〈盡心章句下〉論及樂正子言：

> 浩生不害問曰：「樂正子何人也？」孟子曰：「善人也，信人也。」
> 「何謂善？何謂信？」曰：「可欲之謂善，有諸己之謂信，充實之謂
> 美，充實而有光輝之謂大，大而化之之謂聖，聖而不可知之之謂神。」
>
> 〔註106〕

所謂「善」、「信」、「美」、「大」、「聖」、「神」，是就主體的人格進境來予以區分。朱熹於此曰：「力行其善，至於充滿而積實，則美在其中而無待於外矣；和順積中而英華發外，美在其中而暢於四肢，發於事業，則德業至盛而不可加矣。」〔註107〕由此可知，朱熹的理解是來自於由內在特質發顯而出的「充實」，故言「和順積中，英華發外」。「和順」，是清和潤澤的良善之性，亦即是種種道德特質涵融、整合之後所呈現出人性內具的本質與要求。「仁」、「義」、「理」、「忠」等概念是單一的存在，作用在個別主體上，產生不同的效應，而「和順」則是渾涵各種特質，經過主體涵融沈澱後的「境界」。因此就主體來說，與「和順」的關係其實是既包容又超越的，「和」可以內化爲如「仁」、「義」一般的道德特質，在主體內部產生作用，亦可超越成爲主體內具本質外發的境界。除了君子的養成，政治上的管理亦是如此。《荀子‧富國》：

〔註103〕參《孟子注疏》，頁196。
〔註104〕參（宋）王應麟著，（清）翁元圻注：《翁注困學紀聞》（臺北：世界書局，1974年），頁441。
〔註105〕參《論語注疏》，頁54。
〔註106〕參《孟子注疏》，頁254。
〔註107〕參朱熹：《四書章句集注》，頁216。

故明主必謹養其和，節其流，開其源，而時斟酌焉。〔註108〕

「養其和」與「節其流」、「開其源」並舉，昭示此三者乃明主理政時之三大
法門，輔以時時斟酌，則使上下俱富，得天和而歲豐。〈致士〉亦言：

臨事接民，而以義變應，寬裕而多容，恭敬以先之，政之始也；然
後中和察斷以輔之，政之隆也……。〔註109〕

以先後對應關係來說，「臨事接民，而以義變應」是「中」。接待人民，若不
能以義相察，則「政令不行而上下怨疾，亂所以自作也。」〔註110〕所以與民
相接必須時時與之相適，以「義」來變通應付；至於「寬裕而多容，恭敬以
先之」則是「和」。〈儒效〉篇說道：

因天下之和，遂文、武之業，明枝主之義，抑亦變化矣，天下厭然
猶一也。〔註111〕

以「和」行之，除了能安民、撫民，在政治領域中與人民達到良好的互動之
外，並能以「和」遂文、武之大業，進而政隆民和。值得注意的是，此階段
之「和」已隱含有道德上的價值判斷，「和」的內在本質實包含美、善，因此
內化爲主體反身之「用」方成爲可能。而這般以儒家式道德爲指向之「和」，
則徹底表現在儒家樂論中。以〈樂記〉對儒家音樂理論的繼承與開展而言，
蔡仲德說道：

〈樂記〉與孔、孟、荀的關係并不相同。它全面繼承孔子的音樂美
學思想，故也像孔子一樣追求盡善盡美而更重視內容的善，也像孔
子一樣以和而不淫、合乎禮義爲審美準則，也像孔子一樣推崇「韶」、
「武」之樂，貶斥鄭衛之音，也像孔子一樣強調用音樂修身、治國、
移風易俗。對孟子，它繼承的主要不是音樂美學思想，而是「性善」
論與「仁政」思想，故也像孟子一樣認爲人性本善，主張寡欲，主
張反求諸己，也像孟子一樣主張「與民同樂」，認爲「民有德（得）
而五穀昌，疾疢不作而無妖祥」是作樂用樂的必要前提。它不僅從
荀子〈樂論〉抄錄了 700 餘字，……繼承的重點則是關於禮樂配合
治人治國的思想，而在繼承的同時，它拋棄了荀子的「性惡」論和

〔註108〕參《荀子簡釋》，頁 133。
〔註109〕同前註，頁 186。
〔註110〕同前註，頁 186。
〔註111〕同前註，頁 79。

肯定戰歌軍樂、要求以音樂促進征誅的思想。〔註112〕

〈樂記〉繼承了周代以來的雅樂傳統，並在孔子盡善盡美的思想要求之下，以「和而不淫」、「合乎禮義」爲音樂的審美原則，繼之輔以孟子「性善」與「仁政」思想，把音樂視爲治人治國的社會改革工夫及進路，符應荀子的「實效」要求，成爲荀子思想「化性起僞」中薰習養性的一環，足見音樂在當時人心中感情化性、具教化意義的一面。「樂」與「和」的關聯，主要可分兩部份，一是內化的特質遣用；另一則是昇華後的「至和」境界，而這兩方面均透過「樂」的呈現得以實現。〈樂記〉：

> 春作夏長，仁也；秋斂冬藏，義也。仁近於樂，義近於禮。樂者敦
> 和，率神而從天，禮者別宜，居鬼而從地。〔註113〕

「樂」義近於春作夏長之「仁」，取其天生萬物，各安其所施展之效，欲各安其所，則必「敦和」；相對於「和」是「推擴、施展」，「禮」之「別宜」則是「收藏、內斂」的必然性制約，「樂」無「和」不行，因其強調「和同」，乃使天地之運作得以流變不息，輔以「禮」的節制分際，故聖賢們乃作樂以應天，制禮以配地。此時之「和」，是音樂內部本質元素的遣用，充實「樂」之功能性及其開展，因此荀子〈樂論〉亦言：

> 且樂也者，和之不可變者也；禮也者，理之不可易者也。樂合同，
> 禮別異，禮樂之統，管乎人心矣。〔註114〕

音樂本質之「和」是無法改變的，一如「禮」之理法無法更改一般，而禮樂貫鎖於人心，因此音樂之「和」雖爲本質，但其所起之作用，則深貫人心，在反身用「和」的同時達到「和心」之境。《孟子·告子上》：

> 公都子問曰：「鈞是人也，或爲大人，或爲小人，何也？」孟子曰：
> 「從其大體爲大人，從其小體爲小人。」曰：「鈞是人也，或從其大
> 體，或從其小體，何也？」曰：「耳目之官不思，而蔽於物；物交物，
> 則引之而已矣。心之官則思，思則得之，不思則不得也。此天之所
> 與我者，先立乎其大者，則其小者弗能奪也。此爲大人而已矣。」

〔註115〕

〔註112〕參蔡仲德著：《中國音樂美學史》（臺北：藍燈文化股份有限公司，1993年），頁352－353。
〔註113〕參《禮記正義》，頁671。
〔註114〕參《荀子簡釋》，頁281－282。
〔註115〕參《孟子注疏》，頁204。

孟子此段論述重點雖在透過「大體」與「小體」兩層面的不同，進而表現出儒家人性論的義理型態，然若置於音樂的耳目感官感受，及心之所得來觀察，透過耳目所接收到的之「樂」，是「聲」、「音」等所組成的旋律，如果未經過心之思考及轉化，則易淪於「小體」的次級體驗，過多聲色的刺激，未經過心的決斷，往往會蒙蔽人的判斷能力。因此須以「心」來聆聽，「心」在孟子的認知中，是具有思考能力的。透過「心」的思考與決斷，更能彰顯音樂的內在本質，而非外在粗淺的聲色娛樂，且孟子之「心」與「性」是同時操存修養的，《孟子・盡心上》：

> 孟子曰：「盡其心者，知其性也。知其性，則知天矣。存其心，養其性，所以事天也。殀壽不貳，修身以俟之，所以立命也。」〔註116〕

《正義》曰：「孟子言人能盡極其心以思之者，是能知其性也，知其性則知天道矣。」〔註117〕所謂「知其性」，是能知其本性爲「善」，「盡心」、「知性」、「知天」是在孟子「善」性的理論基礎上發展，換句話說，音樂對於孟子來說，雖然著墨及說明不多，但大致上仍承續孔子要求「盡善盡美」、「合乎理義」的原則，不同的是，孔子所重視的是音樂的本質及內涵，孟子則著眼在經過音樂所透顯出來的功能及效應，再將之融回儒家傳統人性論的論述中，成爲「盡心」、「知性」之外的另一個「和心」、「和性」以「知天」的思考脈絡。然這是就孟子對「心」、「性」的敏銳感受而言，孟子針對音樂直接論述的文獻資料不多，故只能算是其思想中一個衍外的次級概念，但可以確定的是，孟子在強調「立乎其大者」的同時，已在「本心」、「善性」的導引下，承接了孔子以來的「美」、「善」、「和」等觀念，再反過來透過「心」來體悟、實踐。

　　總結來說，在反身用「和」的階段中，「和」是可資運用的一個元素，不同於依「用」起「和」、由雜起「和」等階段，「和」以一「功能性」或「平衡、協調」的概念出現，相對的，反身用「和」之所以成爲可能，除了承繼前兩階段的概念之外，尚加入了儒家道德論的價值判斷，成爲一以道德爲主要取向的觀念。在這個階段中，「和」雖隱隱成爲美感鑑賞的指標，但由於其內化於本體背後的功能性大於抽象的「境界」意義，因此重點仍在「和」之用；而反身用「和」則可於君子的養成、政治策略及儒家樂論中獲得實現。

〔註116〕參《孟子注疏》，頁228。
〔註117〕同前註。

在君子的養成上，「和」內化為君子內在的本質之一，對君子的作為、形象產生影響，進而符合儒家以「和」成德的道德理想；在政治策略上，則以「和」安民、撫民，遂家國之大業；在儒家樂論的實踐上，乃又透過音樂的教化功能，將「和」的特質渾融於音樂之中，再透過音樂的演奏與潛移默化的感染力，達到和齊心志、神人以和的境界。

肆、昇圓成「和」

儒家思想就其本質意義來說，是一「內聖外王」之學。「內聖」立基於個體之自覺，主動追求如聖賢般崇高的德性人格。「外王」則是以民為主的「利用、厚生」之學。因此蔡仁厚言：

> 儒家所開出來的生命途徑，縱的方面是下學上達，以成就生命在「質」這方面的純一高明。橫的方面是「親親而仁民，仁民而愛物」，聯屬家國天下，與天地萬物為一體，以成就生命在「量」這方面廣大博厚。它通上下，所以能天人一貫；通內外，所以要成己成物。淺顯地說，儒家所開顯的這個生命的途徑，就是要化小我為大我，以期與國家民族、歷史文化、天地萬物通而為一。〔註118〕

在儒家的思想體系中，追求的是天人合一的思想通貫。儘管儒家所指稱之「道」，是入世意義大於出世意義，然卻也是足以行之於社會、家國，放諸於四海皆準的行事、為人、治國、齊家的至高原則。就儒家的中心思想來說，是一種「生命的哲學」，不斷地在「人」的主體上尋求個體的存有意義及存在價值，因此周群振言：

> 我們特別宣說：儒家之教旨與體態是『圓極』的。……圓極之意，即通上下四方圓之至極而無不包藏，無有範限也；升舉而言之，視為天象；沈實而視之，則見萬物。人以獨得心性之靈，居中而俯仰周旋，應對進退；無時不順、無適不宜，是之謂物我合一。〔註119〕

誠如周群振所言，儒家思想之要旨是一「圓極」的概念，因此不管是在群體或個體的安定上，皆追求圓滿、完整，可以說是一種「成全」的學問。而「和」的概念，便是在這種特殊思潮底下，孕育發展成為一種圓滿的「境界」觀。

〔註118〕參蔡仁厚著：《儒家思想的現代意義》（臺北：文津出版社，1999年），頁3。
〔註119〕參周群振著：《儒學義理通詮》（臺北：學生書局，2000年），頁1、19。

中國最早出現的「境」、「界」，所指都是一種空間的概念，泛指「疆土」〔註120〕。而《說文》：「竟，樂曲盡爲竟。」〔註121〕「竟」爲「境」之本字，所指之「樂曲盡」隱含有音樂演奏完畢、時間終止的時間觀念，故是一種時間的界限。然「時間」與「空間」觀的結合仍未成爲今日吾人所認知的「境界」，一直到翻譯佛經的人使用「境界」一詞來代表佛家唯心主義的世界，方使「境界」有了抽象及空幻的思想意識，並進而衍生出「意境」一詞。〔註122〕

在儒家思想體系中，「和」義涵的最高度運用即是「昇圓成和」境界的達成。所謂「昇圓成和」，除了表示儒家教旨與思想體態上的「圓極」之外，亦可見「和」的義涵內容與運用在經過儒家思想的義蘊補充下，已逐漸脫離單以「實用性」存在的角色，而改以更多樣而豐富的面貌出現，所以「和」可能同時內在於某一主題產生作用，而一方面又以先驗的概念存在。一如「樂

〔註120〕如《詩・周頌・思文》：「無此疆爾界。」；又《戰國策・秦策》：「楚使者景鯉在秦，從秦王與魏王遇於境。」以上分別參《毛詩正義》，頁721；（漢）高誘注：《戰國策注》（臺北：藝文印書館，1974年），頁128。

〔註121〕參段玉裁：《說文解字注》，頁103。

〔註122〕本文此處使用「境界」未採用「意境」，主要乃因宗白華於界定「意境」時言：「意境是『情』與『景』（意象）的結晶品。」「意境」的大意是主客、物我交融滲透後所構成的藝術情境，而「境界」以「人」爲主體來說，是個體生命情調的躍升；以「概念」來說，如「美」、「善」、「和」等，則是由概念本質昇華爲一超越意涵爲主，既抽象又完整的類型化概念。姚一葦於《藝術的奧秘》一書中，論及「境界」的三種主要用法與涵意。第一：從通俗的用法來看，「境界」指稱人之修養，而所謂「修養」，包括「品德上的修養，不僅表現爲思想、才識，亦表現爲他的行爲與談吐：不僅只是心胸、氣度或意志的具現，也是人格的具現。」；第二：純粹自藝術的技術性來對「境界」進行討論，「自此一基礎上出發，則經由聲音、韻律、語言文字爲媒介物的藝術，同樣能使吾人思及一種『境』或『情境』，或產生一種『境』或『情境』的感覺。」；第三：以「境界」作爲文學或藝術批評的基礎，一如王國維對「境界」的六種關係設定（境界之有與無、造境與寫境、有我與無我、大與小、隔與不隔、高與低）。一般討論「境界」的意涵，大多置於藝術的脈絡下進行理解，因此與「景」脫離不了關係，主要強調主體興發的自由意志之於「藝術」或「情境」的作用。此處言及「和」之「境界」，未必以「人」爲主要對象，其範疇包括「人」與一切藝術形式，當其指稱以「人」爲主體時，則符合「修養」之工夫論，具現爲道德人格的極致；而當其意涵包含所有藝術形式，則又超越於「藝術」的表象，展現藝術與文化的內在精神。故「和」之「境界」之於「人」而言，是具現一種人類行爲模式，是不脫離主體情性而存在「從心所欲不踰矩」之情境；就「藝術」而言，則同時表現爲一組「形式」與「內容」，進一步建構形式與內容之和諧，即「文」與「質」之融合貫立。以上參姚一葦著：《藝術的奧秘》（臺北：臺灣開明書局，1993年），頁314-317。

而不淫、哀而不傷」，是孔子所要求的文學及人生的生命情調，或有人說「樂而不淫、哀而不傷」是「無過」、「無不及」之「中」的表現，這當然是儒家思想內部「執中」的一貫行事表現；然試換個角度來進行思考，在儒家「美」、「善」觀點的統攝下，「和」依「禮」而行，「樂而不淫、哀而不傷」的情感表現除了「中正」之外，尚包括「和平」的要求與美感。「中」雖然可以表現情感發動時「中正」的要求，然卻不若「和」在「禮」的作用下不僅僅可致「中正」，且可具現「和平」不怨之情態。兩相比較之下，「和」之既溫柔又剛強的特質，乃較「中」與「美」更接近，故「和」在「情」及「美」、「善」的統攝下，足以解放儒家思想下僵硬的教條，一轉而為對聖賢的深深戀慕、「三月不知肉味」對韶樂的欣賞與陶醉。而當「和」在儒家思想中由一充要條件，晉升為必要條件時，代表「和」的內在本質意義已經改變，從原來以「功能」為取向的概念，轉變而為「境界」觀，永續對後世繼起之文學審美與創作產生深遠影響！

所謂「昇圓成和」之「和」，因已呈現出「境界」義，故就儒家樂論來說，音樂之「和」的效用，重在與天地、百物的相應上，並由此推衍而為「四海之內，合敬同愛」〔註123〕的天下大和。與「反身用和」相較，差異乃在於作用範圍及影響範圍的擴大。「昇圓成和」之境界義除了表現為儒家樂論中與天地、百物同體之「和」，柳下惠「聖之和者」的道德評價，亦可表現為主體在經過「反身用和」階段後，所晉升至「昇圓成和」的具體表現。因為所謂「聖之和」，已不僅僅是對特定主體道德修養施以「和」的要求，而是主體透過「和」之道德內容的內在修養過程，渾合美、善的生命情境，進一步昇華而為完滿、和諧的生命情態。這當中包含個別主體精神所呈現的不二與獨特性，即透過自我生命情調作用所顯之「和」；尚含有一普遍的道德價值特徵，也就是「和」作為一完滿境界的普適義的達成。除此之外，亦可在儒家成德論及工夫論的基礎上，將「昇圓成和」兼攝為儒家思想體系的最終取向，明揭儒家思想氛圍之歸趨。

另有值得注意的是，本文在此雖然透過「和」之內容義涵進行觀察，而試圖建構其思想軌跡的一貫脈絡，然「依用起和」、「由多取和」、「反身用和」、「昇圓成和」四階段的呈顯，並非具有絕對不動性，也非絕對相應某一時間定點而產生。在「和」義涵的概念演變及義涵生成上，確實含有「依用起和」、

〔註123〕參《禮記注疏》，頁668。

「由多取和」、「反身用和」、「昇圓成和」四個階段的衍化歷程，然當「和」之義涵內容確定之後，反而成為思想理解詮說的進路之一。一如前文所言，柳下惠人格典範的完成，即同時包含「反身用和」與「昇圓成和」的兩個階段意義；而由下文《論語》「侍坐」章的考察，亦不難發現「和」義涵的發生環境，依然不離「由多取和」的經驗事實，同時亦具體而微地呈現儒家之「和」由「反身用和」之階晉升到「昇圓成和」超越之境的概況。

第五章 《論語》數篇章中內蘊精神之再詮釋——以「和」爲思想縐合點

第一節 小引

　　由孔、孟「和」觀從隱到顯的昭示，到「和」在儒家思想中意義的呈現與開顯，皆足見「和」義涵轉變及深化的思想軌跡脈絡，然「和」於儒家思想中的應用，並非只存在於禮論、樂論之中。「和」既透過「前導性義涵」的影響及社會、文化環境的刺激內化於儒家思想之中，則不管是孔、孟的思想，或整個儒家的思潮走向，都不免於潛移默化中受到「和」的引導，故此章主要重點置於《論語》中幾則重要的文獻探解，如「侍坐」章、「志於道」章、〈爲政〉中孔子自言其進德之序……等，透過儒家經典文獻中的「和」義涵進行詮解，掘發理解文獻的不同面向。

　　以〈先進〉中「侍坐」章而言，歷來討論重點皆置於曾點所言「暮春三月……」一段，以明曾點之所「志」及孔子之所「與（欲）」，這對於孔子心中「烏托邦」或「桃花源」願景之建構來說，自然是一個討論的重點，「暮春三月……」一段所呈現出來之悠遊、和諧的氣氛，亦是討論儒家之「和」不可或缺的重要文獻，然本文此章討論的重心，並不僅在於曾點「暮春三月」一段所呈現的大同願景，而是以一「和」心與「和」境爲審視重點來觀之，透過「侍坐」場域與「曾點之志」所呈現的精神境界作比較，除了適足以呈

現「和」之實用意義與超越意義兩個不同義涵層次的表現之外〔註1〕，由「侍坐」到「曾點之志」亦凸顯了從個體生命的安置到個體與天地萬物同流、各得其所之妙。當個體得以與天地萬物同流、各得其所，則亦表示個體與個體間亦不相排斥扞格，如此一來，相對成全孔子「老者安之，朋友信之，少者懷之」的想望，也成全了仁者與天地萬物爲一體的「美」的境界。

以「侍坐」場域與「曾點之志」的理境關聯比較作爲思考及詮釋進路，或可呈現不同的理解面向與經典風貌。此處所謂不同的詮釋角度與進路，並非意味著異於前輩學者而對此章進行不同詮解的討論，反之，是在諸多學者對此章越出轉精的闡解基礎上，以不同的「視角」切入，將「侍坐」章的重點置於由四子侍坐、各言其志，到曾點之志的揭示，如此一來，則此章的內容在「侍坐」的支撐下圍繞著「言志」而行，在主題明確的狀態下，構成一個動態的對話場景，這個對話場景透過個體之「偏」進而凸顯群體之「全」〔註2〕，反而展現了一種獨特的生命氛圍，可與孔子所「與」之理想國度互爲發凡。

在「侍坐」一章中已具體而微地呈現了儒家之「和」由「反身用和」之階晉升至「昇圓成和」超越之境的概況。因此對「和」義涵的進展來說，包含了幾個不同的層次：首先是「和」的發生環境，依然不離「由『多』取『和』」的經驗事實；而對「和」本身來說，亦呈現由一內在元素之姿，轉化昇華而爲一先驗的境界存在的結果。概念上的層遞，加上孔子意向所指，乃使得「侍坐」章之詮解特別重要，尤其是孔子所「與」曾點之理想境界的構成，與孔子自身所認爲最高理想的「老者安之，少者懷之，朋友信之」的理念，其中是否有某些意念上的連貫？於「和」義涵的詮解上又有如何之關聯？此皆是瞭解儒家之「和」不可或缺的文獻資料之一。

除了「侍坐」一章足以體現儒家思想中的「和」心與「和」境，《論語·爲政》裡孔子自述其進德之序，生命境界的提升隨著年齡遞增而成正比成長。

〔註1〕 所謂「實用意義」，實指「和」的普遍性運用，也就是「和」最基本的實用性義涵，主要內容特質在消弭對立、統整與融會，含有動態內容；而「和」之「超越意義」則指「境界」義而言，是經過昇華後的精神展現，表現爲靜態的完滿理境。

〔註2〕 子路、公西華、冉有之所言，孔子不予「與」之，乃是因其各有所偏，作爲禮樂刑政、安國立民之用有餘，然就個體生命之安頓而言卻仍嫌不足。相對於此三人而言，曾點所言之「志」已超越禮樂刑政等有形的施政，表現物我一體的和諧，故三子之言「偏」，而「曾點之志」爲「全」。

由「十有五而志於學」，到「七十而從心所欲而不踰矩」，明顯是一境界上的晉升。故本節重點乃置於「七十而從心所欲不踰矩」，及與〈述而〉中「游於藝」二者之間的相對關係，由「和」境的角度切入，進一步探討「從心所欲不踰矩」的境界，及「游於藝」之「游」如何可能、如何成立的問題。這些孔子看似言簡意賅的言論，實際上蘊含了夫子在生命實踐過程中所強調的工夫歷程，「和」即是內蘊於其中的一個通貫概念。以往學者進行此些文獻的解讀時，多將詮說角度置於成德進程的先後關係上，明揭各目之間的關係結構與層次理序，這對理解孔子甚至儒家的成德思想來說，是一個相當重要的過程，本節亟欲在前輩學者所繫之成德理序上，以「和」作爲一綰合點，重新建構「從心所欲不踰矩」與「游於藝」二者的對話窗口，期盼能爲《論語》文獻的討論提供另一個探討的思考進路。

以「和」爲思想綰合點的主要目的，還是借重於「和」活潑潑的辯證融合生命力，及其內化、作用之後所能透顯的「境界」義涵。一如「侍坐」章、「從心所欲」章及「游於藝」的討論，之所以能以「和」義涵作爲引線來進行綜合性的義涵分析比較，除了「和」境可顯示主體生命境界的辯證、昇華之外，也呈現儒家經典中內容思想的共同趨向，故以「和」穿引此三則文獻內涵的結果，可呈現出「適得其性」、「各得其所」的「安」與「無拘」；再者，是透過孔子形象所揭示之「和心」與「和行」，進一步開發出來儒家生命氣象的具現。而這二種面向的呈現，亦是以「和」爲基點的內涵發散，故足以見得儒家思想在「和」義涵上所表現最精奧的一面！

第二節 《論語・先進》中的「和」心與「和」境

> 子路、曾晳、冉有、公西華侍坐。子曰：「以吾一日長乎爾，毋吾以也。居則曰：『不吾知也！』如或知爾，則何以哉？」
>
> 子路率爾而對曰：「千乘之國，攝乎大國之間，加之以師旅，因之以饑饉，由也爲之，比及三年，可使有勇，且知方也。」夫子哂之。
>
> 「求，爾何如？」對曰：「方六七十，如五六十，求也爲之，比及三年，可使足民；如其禮樂，以俟君子。」
>
> 「赤，爾何如？」對曰：「非曰能之，願學焉！宗廟之事，如會同，端章甫，願爲小相焉。」

「點，爾何如？」鼓瑟希，鏗爾，舍瑟而作；對曰：「異乎三子者之撰。」子曰：「何傷乎？亦各言其志也。」曰：「莫春者，春服既成，冠者五六人，童子六七人，浴乎沂，風乎舞雩，詠而歸。」夫子喟然歎曰：「吾與點也！」

三子者出，曾皙後。曾皙曰：「夫三子者之言何如？」子曰：「亦各言其志也已矣！」曰：「夫子何哂由也？」曰：「為國以禮，其言不讓，是故哂之。」「唯求則非邦也與？」「安見方六七十，如五六十，而非邦也者？」「唯赤則非邦也與？」「宗廟會同，非諸侯而何？赤也為之小，孰能為之大！」〔註3〕

《論語‧先進》此篇紀錄子路、曾皙、冉有、公西華侍坐，而孔子導之以各言其志。陳炳良在其著作中曾以形式主義的語碼結構對此章進行分析，傳達了語言的抒情感染能力，及透過「暮春者……」以下幾句所提興的「詩歌功能」，利用「說話者」與「受話者」角色的置換、心理狀態的變化，來對孔子與曾點的心態進行分析。然文本中所呈現的語碼活動，畢竟只存在於某說話者與某受話者的單線溝通上，無法進行交錯比對分析，這樣的語碼分析將文本中錯雜的心理情感予以簡單化，使之容易涉入理解，然卻也可能造成文本內涵某些部分的落失，不過陳炳良的用意主要在以「侍坐」一章，詮釋形式主義者雅克慎（Roman Jakobson）所提出的語言六個組成要素，以這個出發點來說，亦間接提供詮釋「侍坐」一章的全新思考面向。〔註4〕陳炳良的詮釋方式，在「侍坐」章的一貫理解模式中是一種新的嘗試，提供《論語‧先進》「侍坐」一章在進行訓解時的不同進路，也揭示了經典之為經典，就是因其具備詮釋的無限可能，每一種詮釋方式都可能提供不同的思考模式，進而活絡經典的內在生命力，故本文於此將以「和」心與「和」境的達成為觀察重點，重新審視「侍坐」章的內在意義。

此事件始於孔子明言「毋以吾一日長乎爾」，引導弟子四人「各言其志」。孔子的降低姿態，除了象徵師生之間尊卑關係的解放，亦透露出一些暗示作用，即吾雖「以一日長乎爾」，然「志」之所向是不會因年齡的長少出現尊卑

〔註3〕 參（魏）何晏注，（宋）邢昺疏：《論語注疏》（臺北：藝文印書館，重刊宋本十三經注疏，2001 年），頁 100－101。

〔註4〕 參見陳炳良著：〈舞雩歸詠春風香——《論語‧侍坐》章的結構分析〉，收入於《形式‧心理‧反應——中國文學新詮》（臺北：臺灣商務印書館，1998 年），頁 36－45。

高下之差距的，且孔子於後又言：「居則曰：『不吾知也！』如或知爾，則何
以哉？」孔子給學生們出了一個申論題，談談心中的抱負，而關於孔子自身
的態度，則可於〈子罕〉中見得：

> 子貢曰：「有美玉於斯，韞匱而藏諸？求善賈而沽諸？」子曰：「沽
> 之哉！沽之哉！我待賈者也！」〔註5〕

「我待賈者也！」說明了孔子積極入世、亟欲改革的心態，奈何周遊列國仍
無明主識得孔子心中的抱負，孔子心中的焦急可想而知，因此「如或知爾，
則何以哉？」的問句，適用於在場包括孔子在內的所有人。就這一角度來說，
此問句已將所有尊卑、高下的差距消解，成爲一立足點完全「平等」的場域。
當然，這「平等」場域建構的基點，是來自士人儒者心中一貫懷有之致世抱
負，就抱負施展一項而言，只要有利於家國天下，則無涉於師生階級所造成
的高下優劣之別，故孔子乃先言「以吾一日長乎爾，毋吾以也」，進而鼓勵弟
子勇敢言說自我之抱負。雖然在弟子的心中，「夫子」畢竟是「夫子」，深刻
的成見使得弟子無法暢所欲言，因此乃有後來冉求與公西華的謙遜以答，然
由言志後，眾人皆出，曾皙前往詢問孔子對於子路、公西華、冉有等所言之
「志」的看法時，孔子所給予的回答：「亦各言其志也已矣！」可知，這場「侍
坐」對於孔子來說，是一場再尋常不過的師生間的聯誼交談，故孔子的態度
應當不是懷著特殊的心機來揣度學生之所言，相反的，孔子的所有反應都是
最自然的呈現，如此一來，則孔子對於曾點之「與」乃相對顯得更爲珍貴可
愛。

後由子路等人的回答來討論「志」。所謂「志」，是「心之所向」，個人的
性格當然是決定心之所向所往的重要指標，然這當中尚包括了個人所處環
境、時代、抱負等內在與外在因素。以子路的回答來說，他期許自己將一個
發生戰亂、出現饑荒，民不聊生的千乘之國，在三年之內使人民「知勇」、「知
方」，而結果是「夫子哂之」。在子路的回答與孔子之「哂」中間，究竟饒富
如何的興味？邢昺疏曰：

> 此夫子爲說哂之意，言爲國以禮，禮貴謙讓，子路言不讓，故笑之
> 也。〔註6〕

顯見邢昺認爲孔子之「哂」，乃出於子路之「其言不讓」，而治國需以「禮」

〔註5〕 參《論語注疏》，頁79。
〔註6〕 同前註，頁101。

爲方，在「禮」與子路之「不讓」之間形成一既衝突又詼諧的情境，故孔子因而哂之。以儒家之「禮」來說，講求的是一普遍秩序，一符應道德的正當性，《論語・子罕》：

> 子曰：「麻冕，禮也。今也純，儉，吾從眾。拜下，禮也，今拜乎上，泰也。雖遠眾，吾從下。」〔註7〕

在禮儀「從眾」與「從下」的取決中，實已體現儒家「禮」的內涵與精神，應對進退、行止合宜，正是合理秩序的極致表現。子路之使民「知方」，已是「禮」的落實與實踐，以「禮」化成人民，則人民自然懂得恪守節度，不會有超出尺度、悖禮的舉止出現。而關於孔子之「哂」，許又方提出：

> 從文章的結構來看，如果沒有那一「笑」，最後的那些「後設語」便失去了著力點，意即孔子不笑，曾晳便不會好奇去問，孔子自然也沒有機會發表後來的評論。……因此，「哂」在本章中竟成了如小說中的「伏筆」一般。……筆者以爲，孔子的笑猶如本章的哂一樣，是一種刺激弟子發問的動作，好讓自己有機會發表些許意見。〔註8〕

以「哂」爲此段文獻中之伏筆，藉以刺激弟子發問，當然是一種相當合理的推測，然此說法成立的基點必須建立在孔子的用意或許不在隨便聊聊而已，而是藉著弟子「各言其志」的機會，抒發個人的教化美思。筆者以爲，除了將孔子之「哂」視爲一伏筆的角色之外，是否亦可回歸事件的本身，即將「子路、曾晳、冉有、公西華侍坐」與「三子者出」後，曾晳所進行對孔子的詢問看成兩個不同的對話視窗，如此一來，則無所謂「伏筆」的存在，孔子之「哂」可視爲一純然的自然反應，或笑子路的率性、或笑子路性格上的不知裁剪；而曾晳事後的發問，有可能是來自於對孔子之「與」的困惑，因爲畢竟禮樂、宗廟一類大事，是孔子生平最看重、最戒愼的，孔子所「與」不是禮樂、宗廟大事，卻是無關於此的一場單純出遊；當然，曾晳所描繪之境在孔子心中絕非只是一場單純的出遊而已，然曾晳亦非孔子，無法得知孔子心中之所想所思，故引發事後的種種疑問，如此一來，則曾晳對孔子的詢問亦具備合理性。如果說眞把「侍坐」一章視爲兩個不同的視窗來進行觀察，在此章的整體解讀上會產生如何之變化呢？

〔註7〕 參《論語注疏》，頁77。
〔註8〕 參見許又方著：〈失落的樂土——《論語・先進》「侍坐」章析論〉，收於《孔孟月刊》第37卷6期（1999年2月），頁3。

　　最大的意義即在此場對談的完整性上。如由四人侍坐開始，四人各言其志，則至夫子喟然歎曰：「吾與點也！」則嘎然而止，則整場對話的中心思想皆圍繞著「志」而行，沒有過多的揣測，亦沒有過度詮釋的問題。從大體上來看，以曾皙之所言：「莫春者，春服既成，冠者五六人，童子六七人，浴乎沂，風乎舞雩，詠而歸。」先從外緣關係來進行觀察，就這一段陳述來說，時間落在「暮春」；事由是「春服既成」；成員爲「冠者五六人、童子六七人」；事件內容則爲「浴乎沂，風乎舞雩，詠而歸」，以上諸要素構成曾皙之「志」的雛形。再由「侍坐」一章來看，時間並無確切說明，或是某個清晨、午後；事由是經由「侍坐」所引發對於「不吾知也！」的討論；成員是子路、曾皙、冉有、公西華加上孔子等五人；事件內容則是「各言其志」。試以表格來呈現此間之關聯：

事 件	時 間	事 由	成 員	事件內容
侍坐	無表明確切時間	對於「不吾知也！」的討論	子路、曾皙、冉有、公西華加上孔子等五人	各言其志
曾點之志	暮春	春服既成	冠者五六人、童子六七人	浴乎沂，風乎舞雩，詠而歸

關於曾點之志的注說，朱子有言：

> 曾點之學，蓋有以見夫人欲盡處，天理流行，隨處充滿，無少欠闕，故其動靜之際從容如此。而其言志，則又不過即其所居之位，樂其日用之常，初無舍己爲人之意，而其胸次悠然，直與天地萬物上下同流、各得其所之妙，隱然自見於言外。視三子之規規於事爲之末者，其氣象不侔矣。故夫子歎息而深許之。〔註9〕

「蓋有以見夫人欲盡處，天理流行，隨處充滿，無少欠闕，故其動靜之際從容如此」，此段話爲曾點異於其他三人而發的想望提供了合理的出處，而透過此「志」所營造出來的生命氛圍，則是與萬物同流、各得其所的至妙境界。故就此段的整體風格而言，建構出一個開適、自然、不造作的情態，而在這情態中卻是主體精神的極致展現。再就「侍坐」一事來進行比較，從弟子侍坐到孔子提問，一切都在極自然的情況下進行，因爲弟子的「侍坐」，孔子趁此機會找個話題來聊聊，這並不是一個特殊的事件，因爲在《論語》的記載

〔註9〕參（宋）朱熹著：《四書章句集注》，（濟南：齊魯書社，1996年），頁113。

中，時有弟子請益於孔子或師生對談的紀錄，相異的只是對談的話題不同、對象不同，甚而孔子也曾經主動詢問過子路與顏淵之「志」，《論語・公冶長》：

> 顏淵、季路侍。子曰：「盍各言爾志？」子路曰：「願車馬、衣輕裘，與朋友共，敝之而無憾。」顏淵曰：「願無伐善，無施勞。」子路曰：「願聞子之志。」子曰：「老者安之，朋友信之，少者懷之。」〔註10〕

此章甚同於「侍坐」章的內容，一樣皆是顏淵、季路陪侍孔子，進而導引出以下提問，與個人不同的回答。此章不同於「侍坐」章之處乃在於「志」之層次的不同，故乃有回答上的落差。「侍坐」章是預設若有明君識得個人才華時，如何施展個人的「抱負之志」，故是起於「不吾知也」的「言志」之說；〈公冶長〉則在沒有預設立場的情況下談論人生的志向。即便如此，亦可由此見得「侍坐」在當時孔子與學生的生活中，應當是一件再尋常不過的事，故「侍坐」章中孔子與學生對談的基調，亦應該是輕鬆、閒適，無所謂孰是孰非的。試想，在某個午後或清晨，子路、曾晳、冉有、公西華等人陪侍孔子，在子曰：「以吾一日長乎爾，毋吾以也。居則曰：『不吾知也！』如或知爾，則何以哉？」的揭問下，展開對談的序幕。在這場尋常、閒適、輕鬆的對談中，有子路的「率爾而對」，有孔子之「哂」和「與」，有冉有、公西華的謙遜以答，更有曾點暢談其「志」時所引領而出的從容生命氣度；眾人的聲音構成一個平等的對談空間，沒有高下尊卑之分，有的只是個人暢言其志，即便如公西華、冉有回答時的過度謙遜，亦是個人性格使然，畢竟在當時如子路般「率爾」之徒是少之又少，而子路之「率爾」，公西華、冉有之謙遜，適是個人性情最自然的表現。這樣說來，孔子之「哂」不過是在聆聽弟子之志時所觸發的自然情緒反應，雖然孔子在此並未明言其志，然於孔子之「哂」和「與」或可進一步探見端倪。

這個由五個人所共構的對話場景，由始至末，皆在一「隨意」的情境下進行，所謂「隨意」並非是隨便，而是隨「心之意向」以行，沒有矯揉造作，亦沒有過度揣測，個人性格適切表現，眾人之言談亦圍繞著「志」的主題徹底發揮。當然，孔子所「與」之曾點之「志」，其中包含了孔子對未來願景的想望與期盼，「理想國」的建構不是「侍坐」場景所承載得起的，這對這場對談來說也太過沈重。在這場對談中，個人有個人的發言定位，個人皆有不同於他人的心中想望，然卻能在這「眾聲喧嘩」中，尋得每一個人的最佳發言

〔註10〕參《論語注疏》，頁 46。

層位，構成一和諧、閒適的情境，而非在不同意見上有所爭執或看輕，故在這場對談中，呈現出「個人」表現之「得其位」與「得其性」，由子路等四人所作的闡述即可窺得究竟，個人皆有個人所專屬的發言層位，不致有扞格的情形出現，這就是一平衡、協調情境的最佳展現。而冉有、公西華等所謂禮樂、宗廟大事，絕不只是單純的達成如此簡單，尚需許許多多道德的質素來參與作用，子路所言「千乘之國」在三年之中，要使人民有勇知方，亦非口頭上說說即可達成，故此場對談除了是發言層位和諧的展現之外，亦揭示儒家對於「道德」一項的重視，仁、義、禮、智等道德質素在此皆有施展的空間，是促成子路、冉有、公西華之「志」能夠達成的重要關鍵，這也是隱於「侍坐」中的道德教育。

再言「侍坐」章之重點——曾點之「志」。因爲孔子最初所提出之問句的主旨是設定在，如果有明君得以賞識個人之才華，進而加以重用，則個人意欲有何作爲？重點在個人的抱負，然曾點所言者，卻非依循此方向進行言說，反而偏向於〈公冶長〉中孔子詢問季路與顏淵之「志」，由此或可探得一些可能性，有可能是曾點之志根本不在是否有明君賞識，進而提攜爲官一途，故陳炳良言：「於『暮春者……』的答案表面上答非所問，但正代表曾皙對政治的烏托邦的嚮慕。它是自相指涉的，表現了詩歌功能。它呈現出一個理想的大同世界。」〔註11〕許又方也提到了曾皙話中的重點，即「自我」的消解。〔註12〕「莫春者，春服既成，冠者五六人，童子六七人，浴乎沂，風乎舞雩，詠而歸。」在這段陳述中，似乎包括曾皙自身，又似乎排除在外，就在這「有我」與「無我」的模糊地帶，臻至「逍遙」之境。在曾皙的說法中，是否如陳炳良所言包含了「曾皙對政治的烏托邦的嚮慕」，尚有討論的空間。因爲以曾皙之「狂」〔註13〕來說，「浴乎沂，風乎舞雩，詠而歸」的想望是來自於其

〔註11〕 參陳炳良著：〈舞雩歸詠春風香——《論語·侍坐》章的結構分析〉，收入於《形式·心理·反應——中國文學新詮》，頁39。

〔註12〕 「在前面的弟子發言中，『自我』一直明顯地存在，如子路説『由也爲之』，冉有説『求也爲之』等；公西華雖不明言己，卻也説『願學焉』、『願爲小相』等話，顯然也直指自己。唯獨曾皙的話裡看不到他自己……。」參許又方〈失落的樂土——《論語·先進》「侍坐」章析論〉，頁4。

〔註13〕 曾點以「人生之志」作爲回答孔子提問的方向，然因應答與提問不符，曾點的態度乃有些侷促。不過正因此呼應了曾皙「狂」的人格特質，《孟子·盡心下》曾言：「如琴張、曾皙、牧皮者，孔子之所謂狂矣！」曾皙之「狂」爲其異乎三子者之「志」提供了一個合理的出口，也或許因爲曾皙之「狂」，方能擺落一切，將內心最深刻的想望表達出來。

不羈的性格；然對孔子來說，曾皙所建構的場景應該是引發了孔子諸多的聯想，因此相較之下，此場景對孔子的意義反較曾皙爲大。故如王夫之所言，既然孔子「與」點，則爲何先「喟而歎」，然後又加以「與」之呢？王夫之〈四書訓義〉：

> 於是觸夫子天地同情萬物各得之心，而覺因時自足之中，有條有理，以受萬有而有餘者之在是也，乃喟然歎曰，吾與點也！吾之撰即不必同於點之撰，而點之志固吾之志也。如點之志，而吾之所以爲吾者在是矣。……點能出兵農禮樂之外，而有其浴、風、詠歸之自得矣；點能入兵農禮樂之中，而以浴、風、詠歸之自得者，俾事無不宜，而物無不順乎？〔註14〕

以王夫之的說法，孔子之所以「歎而喟」，是因爲心中有所感觸，但孔子的感觸並非由「遺憾」而發；而其「與」點之處在於曾皙不管「出」或「入」於兵農禮樂之中，皆能無入而不自得，故事無不宜、物無不順。王夫之的訓解亦同時闡明了曾皙所建構的場景對孔子所產生的意義，故後來的學者大多認爲孔子之「與」，乃在一對「大同世界」或「桃花源」的想望。〔註15〕此種說法是不錯的，以孔子來說，他心中一定存在著一個理想世界的藍圖，而他所提出的種種道德修養及工夫進路，皆是爲了逼近這個心目中預設的目標，故孔子由「哂」而「喟然歎曰」，再加以「與」之，心理過程的變化實即反映了這個理想世界的呈現與落失。

　　如同前文所言，子路、冉有、公西華之所「志」欲進一步加以實現的重要關鍵，落在儒家的道德修養工夫上，因爲禮樂等才是理政安民的「先王之道」，然這畢竟是一種有形的儀文內容，即因禮制的崩壞，才需重新制定一套新的禮法來規範與約束；而爲了追求秩序、政治上的「正名」，各種禮節儀文

〔註14〕參王夫之著〈四書訓義〉卷15，收入於《船山全書》第七冊，（長沙：嶽麓書社，1998年），頁676。

〔註15〕陳炳良：「通過它，我們可以看到作者／編者的匠心。他把讀者從足食、足兵帶到去大同世界。」；楊樹達：「孔子所以與曾點者，以點之所言爲太平社會之縮影也。」參楊樹達著：《積微居論語疏證》（臺北：大通出版社，1974年）；許又方：「孔子的喟嘆其實正是一種『淨土』不再的感傷。」又：「我們既認定曾皙所言是在『創造』一個樂園，那麼便不得不承認他的話語中可能存著過去『記憶』的痕跡。……曾皙的話正如輕紗，以美麗的想像遮掩了樂土失落的痛苦。孔子知詩、愛詩，也了解詩意的所在，他自然看到了這個痛苦，以至於喟由心生。」

的講求更不能偏廢，加上人心的放失等等因素，亦不能缺乏「樂」的輔助及薰陶教化，故《禮記・樂記》中顯要地提及「禮樂刑政」在儒家的社會建設方針中，所隱含的最大效用：

> 故禮以道其志，樂以和其聲，政以一其行，刑以防其姦。禮樂刑政，
> 其極一也；所以同民心而出治道也。〔註16〕

透過禮樂刑政的作用，或許可以齊一人心，實現治國平天下的理想。然這畢竟是籠罩在「禮樂刑政」等教化改革「手段」下假象的「太平」，終究不是真正的「致仁」，而是歸攝在有形的刑政教條之下所呈現，充其量不過是提供了一個讓人民遵循及「安措手足」的循法管道，這與孔子心中所嚮往的「大同世界」仍有實際上的落差。直至曾皙引出：「莫春者，春服既成，冠者五六人，童子六七人，浴乎沂，風乎舞雩，詠而歸。」一段，曾皙建構了一春意盎然的出遊景象，這場出遊是隨性之所至，不是刻意安排，更不是走馬看花式的遊覽。「春服既成」可見得這場出遊的「隨意」，而非「刻意」，因為「春服」不會是為了「暮春」的出遊而刻意裁做，必是春天時節既有的時令服飾；而「冠者」與「童子」的一同出遊，顯示共遊之隨興，不必非邀約至親好友不能成行，而「冠者五六人，童子六七人」中出遊者與人數間所搭就的微妙關係，張亨有言：

> 「冠者五六人，童子六七人」的數字固是無關緊要，然而何以不是
> 一二人和二三人？或者何必有「人」？這明顯地展露抒情主體與眾
> 多主體之間的交互關注與和諧共存。〔註17〕

就張亨所言，眾多主體生命情境已於此獲得安置，顯示人我之間，無所凝滯的自由心境。至於出遊的內容：「浴乎沂，風乎舞雩，詠而歸」，除了大自然的洗禮之外，歌、舞、詩等人文活動，將「人」與「自然」融為一體，展現物我合一的渾融氣氛。在此雖然消解了人與自然間的隔閡，但取消的是有形的阻隔，也就是在既定成見下所產生人與自然的不同，在八方宇宙中，人與自然都是浩瀚中的一小部份，當然，孔子在此並不是贊同人心的「出世」，而是主張透過有形的禮樂刑政進行改造，進而達到更超越、更形上的有序世界。

〔註16〕 參（漢）鄭玄注，（唐）孔穎達正義：《禮記正義》（臺北：藝文印書館，重刊宋本十三經注疏，2001年），頁663。

〔註17〕 參張亨撰：《論語》中的一首詩〉，收入於《思文之際論集——儒道思想的現代詮釋》（臺北：允晨文化，1997年），頁477。

然當禮樂等有形管道不再，人與自然之間將如何交通？一字既之曰「心」而已矣！當普遍的秩序被建立，一理想國的藍圖即被預設，因爲秩序的建構只是「工具性策略」，並非最終極的目標。然透過「心」的作用，萬物有「情」，人心有「情」，「情」是達成「昇靈成和」最重要的元素，「心」之「和」足以建構「境」之「和」，因此曾點所建構的情境，乃是「心和」與「境和」的和諧統一，是一個較禮樂並治所能達到更超越的境界。且必透過子路、冉求、公西華、曾晳等人的說法方能層層透顯，從有形的秩序到超越的「自由」與「和諧」。孔子之「哂」寓意深重，而其「歎」或許隱含著對「淨土」或「桃花源」不再的喟嘆，但孔子的態度隨即在「與」點的同時積極活潑起來，從消極的喟嘆到積極的認同，顯見孔子對未來及「大同世界」的重建充滿希望，因此在曾晳詢問孔子對其他三人說法的意見時，孔子均採以肯定、稱許的態度，因爲一個超越刑政禮法，足以「從心所欲而不踰矩」的「和」境，是需要有形的人爲秩序來建構，等到一切都上了軌道，曾晳與孔子之「志」方有實現的一天。所謂「志」，除了代表一種憧憬與想望，換個角度想，何嘗不是現階段落失的呢？故言曾晳之「志」，是「和心」與「和境」的統一，「和心」代表了一直以來，儒家思想最深沈的關懷與想望；「和境」則意味著現況的重新建構。超越的「心」之所向，配合有形之「境」的建構，方能共臻一超然之境，成就孔子之「志」！而此超然之境成爲可能，最重要的原因就在「自我」的消解，此「自我」已不單純指涉「曾晳」或在場的「所有人」，所謂「自我」的消解應是「我」的消解，「我」代表了一切之所以成爲「我」的既定「成見」，當「我」的因素被取消，方能使自然與我渾融爲一，即物我合一。故此章所呈顯於外的美善理境，絕不僅僅是曾點或孔子的個人偏好，而是一更超越的圓融理境，是物我合一、上下同流的至和之境。曾晳所建構的情境，或許並非全然等同於孔子心中的圖像，但在這情境背後所透顯的超越意義，想必是孔子念念不忘的。張亨於此亦言：

> 這一陳述雖然不過是日常生活中簡單的經驗，卻具體的描繪出一個理想的精神世界來。因爲這些活動並不只是單純現象，而是感染著活動者的心境；呈現出圓滿自足的情趣；這是無目的性，又無所關心的滿足；同時也是從其他的現實經驗中孤立出來，不受干擾的狀態。所以這明顯的是一種美感經驗。……主客的對立早已消失，自我與外物交融爲一體的境界。這自然也是一種道德的境界，仁者與

天地萬物為一體的境界也就是美的最高境界。〔註18〕

由此可知，曾皙之所志，是仁者與天地萬物為一體的境界，就這點來說，是符合孔子之意的。就程子之言：

> 曾點，狂者也，未必能為聖人之事，而能知夫子之志。故曰『浴乎沂，風乎舞雩，詠而歸』，言樂而得其所也。孔子之志，在於老者安之，朋友信之，少者懷之，使萬物莫不遂其性。〔註19〕

曾點之「樂而得其所」，一如《論語・公冶長》中孔子自言之「志」：「老者安之，朋友信之，少者懷之，使萬物莫不遂其性」。所謂「老者安之，朋友信之，少者懷之」的理境，與孔子所「與」之曾點之「志」間，又可以掘發出如何之關聯呢？錢穆於此有言：

> 程子曰：「古之學者為己，其終至於成物。今之學者為人，其終至於喪己。」為己之學，所願只在己。其所求完成者，即其一己之心德。而其一己心德所能到達之最後境界，乃為一種物我一體之天地氣象，如孔子所謂老者安之，朋友信之，少者懷之，此種境界，豈不為己而終至於成物乎？〔註20〕

錢穆認為孔子所謂「老者安之，朋友信之，少者懷之」的境界，主要是一種為己成物的過程，在完成一己之心德的同時，達至渾同於天地萬物、物我一體之境，若能臻至此境，則已達儒家最高之「仁」境。以曾點所構想的美好世界來說，與孔子所認為「安之、信之、懷之」的境界來作比較，可見得此二者是彼此相互投射的景況，因為如果真到達如曾點所言般從容優遊的理想世界，主體與萬物各得其所、適得其位，一切反面的因素將被消解，置換以無限之「和」境，繼之「老者安之，朋友信之，少者懷之」的境界亦間接被成全，一個最高理境之「仁」於焉產生；而若換個方向思考，如果真能達到「老者安之，朋友信之，少者懷之」的境況，則代表整個社會、家國皆安於仁，個人與個人、個人與群體、個人與天地萬物間達至一和氣流行的氣氛，適為錢穆所言「為己成物」之境。

孔子之所「與（欲）」，是如曾點所言一「游」的境界，隱含於孔子所言「志道、據德、依仁、游藝」的歷程之中，亦涵融於孔子對自我的期許——

〔註18〕 參張亨：〈《論語》中的一首詩〉，頁96。
〔註19〕 轉引自王夫之〈四書訓義〉，收入於《船山全書》第七冊，頁672。
〔註20〕 參錢穆著：《孔子與論語》（臺北：聯經出版事業公司，1994年），頁81。

「從心所欲而不踰矩」中，這些說法及彼此間的關涉，會於以下的章節中分作說明、闡釋，而於《論語・先進》「侍坐」章中，除了可見「和心」與「和境」的統一之外，孔子之「志」、孔子之「憂」、孔子之「欲」皆於字裡行間不自覺地透露，故王夫之明言：

> 蓋聖人之道，靜而不挾一能以自恃者，動而不遺一物以自逃於虛；則在天下而爲天下，在一國而爲一國，凡國之兵農禮樂，皆因其緩而緩之，因其急而急之。質不爲粗，文不爲精，求而順應，如其量而不盈，則有邦而治之，亦春風沂水也。於春風沂水而見天地萬物之情者，即於兵農禮樂而成童冠詠歸之化。〔註21〕

王夫之明揭即於春風沂水而可見天地萬物之情，即於兵農禮樂而成童冠詠歸之化，可見孔子所追求的是在更超越的「情」與「化」上，而由此透顯的，乃是儒家思想中以「和」爲基點所延展而成的至高「仁」境。「和」在此所扮演的角色，是「仁」境達成的必要條件，「和」的存在不必然構成至高的「仁」境，然「和」境的成立，往往即是主體生命完滿成全的表徵，故孔子於此「和」境的背後，投射以超越主體自身，更宏廣、更超越的理想世界藍圖。所謂「桃花源」或「大同世界」是一個理想世界，是一個已經超越禮樂刑政等而獨立存在的先驗世界，而就孔子來說，其內心眞正想建構的，應該是在有形的禮樂刑政中進一步超越、昇華，然仍植於人世、根植於禮樂的「和」境，在分崩離析、戰亂紛呈的年代裡，以此和境所營造出來的氛圍爲基礎，建構出眾人心中最殷切想望之完整、統一的家國地圖，達至所謂「桃花源」或「大同世界」的完美理境。

「曾點之志」所呈現的，是一個超越的「和」境，兩相比較之下，「侍坐」場景一樣有事由、時間、地點、人物，只不過「侍坐」是在預設「言志」的立場上，於有限的時間、空間中進行，凸顯「和」的實用意義大過於超越意義。「和」之實用意義的呈現，是在一般的場域中進行融會、協調，一如「侍坐」場景，個人有不同的發言層位，孔子亦有不同的反應，諸弟子所言「志」之內容更多有所異，在這麼多「不同」的因素作用下，最後仍能在「全」與「偏」的狀態下取得和諧〔註22〕，使人人安於其位、得其所言，即是「和」

〔註21〕參王夫之：《四書訓義》（上），頁677－678。
〔註22〕所謂「偏」，是指性格與志向之「偏向」。例如：子路性格之不羈；公西華、冉有之拘謹，而曾點亦「狂」。就志向而論，子路、公西華、冉有三人偏向於理國治民，不若曾點同理於天地萬物之「全」。故「全」與「偏」是就相對比較而言，非有褒貶之意。

之實用意義使然；而「曾點之志」所營造的，並非是在「異」中求「和」，而是透過「和心」，開展出一體成仁之超越「和」境。曾點之志所引導的「和」，作用已非在動態作用的融會，而是轉爲主體生命與精神「境界」的呈現，故「侍坐」場景與「曾點之志」並置討論的意義，主要乃在經由對比呈現「和」之實用意義與超越意義兩個不同義涵層次的表現，實現「全」之美及其可愛、珍貴之處！

第三節 由「從心所欲」、「游於藝」體現儒家之「和」境

《論語・先進》「侍坐」章中，曾晳與孔子共繪了一個由「和心」與「和境」躍升達「仁」的美好世界，具體呈現出「和」義涵於儒家思想中的角色定位問題。然「和」在儒家思想體系中來說，畢竟是個內化且抽象的概念，因此勢必要透過更多對文獻的掘發、理解，及多數文獻的綜合分析比對，方能顯現「和」在抽象思想中的具體面貌。一如《論語・爲政》中「從心所欲不踰矩」的概念，一般討論皆是側重在孔子自學進德的過程，及生命境界的遞升上：

> 子曰：「吾十有五而志於學；三十而立；四十而不惑；五十而知天命；
> 六十而耳順；七十而從心所欲，不踰矩。」〔註23〕

此段是孔子自言的志學過程，隨著年歲的增加，境界及成就亦有所不同。蔡仁厚依此而衍申出一「大成之境」的觀念：

> 在孔子自己，只是平平實實地把他實踐的經歷說出來；而事實上，
> 這就是一個「踐仁成聖」的型範。從志於學而不厭，到自立而能守，
> 到明理而不惑，再到知天命而透出人與天的親和感（在此即函有「性
> 命天道相貫通」之義），到自到耳順而聽不失聰、聞不失理（聲入心
> 通，乃不思而得之境界），最後隨心所欲不踰矩，心是理，身爲度，
> 至此，便已臻於何思何慮、天理流行的大成之境。〔註24〕

所謂「大成之境」，除了孔子自身所透顯的聖賢身段之外，尚包括向外推擴的天與人之間，即天道與性命之相貫通的生命氣氛，而最後於「從心所欲不踰

〔註23〕參《論語注疏》，頁16。
〔註24〕參蔡仁厚著：《孔孟荀哲學》（臺北：學生書局，1999年），頁31。

矩」的階段呈現出來。就孔子所言的歷程來看，可分為幾個主要的階段：志學→自立→不惑→知天→耳順→從心所欲不踰矩。十五志學到四十不惑，追求的是個人道德學問的修養；「知天、耳順」則是「天道性命相貫通」的「天人相和」階段，重點在以「人」應「天」；「從心所欲不踰矩」則又是另一個終極階段，在天人相應之後將生命氣質予以翻轉，不再孜孜矻矻於鑽研「人」的學問，包括學習、修德、進業，轉而隨以天道流行為大成之境，一如「心是理，身為度」，舉手投足不失理度。

　　朱子《集注》於〈為政〉一段後有言：「聖人言此，一以示學者當優游涵泳，不可躐等而進；一以示學者當日就月將，不可半途而廢也」〔註25〕，簡單來說，即須把握「循序漸進」、「持續有為」的原則，所謂「日就月將」，在此亦強調持續不斷之「學」，然細究之，「循序漸進」、「持續有為」實只扮演此生命歷程的「態度」過程，如何臻至生命化境，則有賴於「優游涵泳」的生命情境。朱子在此並無對「優游涵泳」的狀態多作說明，徐復觀論及孔子在中國文化史上的地位時，則提出一重要的觀點，即：「由孔子開闢了內在的人格世界，以開啟人類無限融合及向上之機。」而所謂「內在地人格世界」，徐復觀之詮釋為：

　　　　即是人在生命中所開闢出來的世界。在人生命中的內在世界，不能
　　　　以客觀世界中的標準去加以衡量，加以限制；因為客觀世界，是「量」
　　　　的世界，是平面的世界；而人格內在地世界，卻是質的世界，是層
　　　　層向上的立體的世界。〔註26〕

就徐復觀之言，「人格地內在世界」是一隨著「質」而遞升的立體世界，徐復觀在此以「仁」為主要代表，象徵「將客觀地人文世界向內在地人格世界轉化的大標誌」〔註27〕。以「仁」為「人格地內在世界」的代表之所以可能，主要是因為「仁」符合一道德意識的的內心觀照，透過「仁」的秉持與工夫修養，方能建構以「質」為主層遞向上的立體世界。而由「十有五而志於學」到「七十而從心所欲不踰矩」的數個階段中，「仁」象徵的是一通貫的工夫修養，然必須分別的是，此治學與生命歷程乃以「五十而知天命」為一轉折點。徐復觀於此再言：

〔註25〕參朱熹：《四書章句集注》，頁11。
〔註26〕參徐復觀著：《中國人性論史‧先秦篇》（臺北：臺灣商務印書館，1999年），頁69。
〔註27〕同前註。

> 五十而知天命，是孔子一生學問歷程中的重要環節，是五十以前的
> 工夫所達到的結果；是五十以後的進境所自出的源泉。孔子因為到
> 了五十歲才有了這一「知」，天乃進入到他生命的根元裡面，由此而
> 使他常常感到他與天的親和感、具體感，及對天的責任感、使命感，
> 以形成他生命中的堅強自信。〔註28〕

「五十而知天命」以下，著重的是進德修業的工夫，如此方能「立」、「不惑」，
進而「知天命」。在這些階段中，「仁」的作用是外顯的，是一行事、為人、
進德的重要指標與原則，而在「六十而耳順」、「七十而從心所欲不踰矩」的
階段中，則隱化入生命的底層，成為內蘊的精神之一，這不僅僅是「仁」的
隱化作用，更是由「仁」之「用」昇華而為「仁」境之過程的展現。在「仁」
的昇華過程中，加入「中」、「和」的概念起而作用，成為朱子所言之「優遊
涵泳」的生命情態。

朱子《集注》中引及程子的說法：

> 程子曰：孔子生而知之者也，言亦由學而至，所以勉進後人也。立，
> 能自立於斯道也。不惑，則無所疑矣。知天命，窮理盡性也。耳順，
> 所聞皆通也。從心所欲不踰矩，則不勉而中矣。〔註29〕

而朱子亦自言：

> 從心所欲不踰矩，隨其心之所欲而自不過於法度，安而行之，不勉
> 而中也。〔註30〕

朱子及程子以「從心所欲不踰矩」為「不勉之中」，是就行事的必要準則來作
判斷，無關乎性與天道。「中」的被強調，是相對來自於「矩」該有的規限，
故「中」主要是符應「矩」而言，然就「從心所欲不踰矩」一句來說，「不踰
矩」一項不管是不是即於主體生命的至高理境而言，皆被必然強調，因其為
達成「從心所欲」之境的根本基礎。就此而言，「中」於此所扮演的角色是欲
達「從心所欲」的「必要」基本條件，亦是「中」之境界義的呈顯。當然，「知
天命」亦為「耳順」、「從心所欲不踰矩」的必要條件之一，然從朱子及程子
的論述中明顯可見其以「心」之「欲」為詮說重點，即在既有法度容許的範
圍中，夫子得以「從心所欲」，而無「踰矩」之虞，因為孔子心中自有一把尺，

〔註28〕 參徐復觀著：《中國人性論史・先秦篇》（臺北：臺灣商務印書館，1999 年），
　　　　　頁 87。
〔註29〕 參朱熹：《四書章句集注》，頁 11。
〔註30〕 同前註，頁 10。

其作爲必不過於法度，故可「不勉而中」；然是否可以換個角度思考，即此時孔子之所作所爲早已超越禮制的規範，其所以「不踰矩」，並不因爲心中的那把尺，或是外在法度的規範，而是在「知天命」的過程中，明白：「性與天命的連結，即是在血氣心知的具體地性質裡面，體認出它有超越血氣心知的性質。這是在具體生命中所開闢出的內在地人格世界的無限性地顯現。」〔註31〕孔子即在性與天道連結的生命歷程中，體認到「超越血氣心知」之質性的存在，而這超越的質性，建構在「天」與「人」之主體生命情境和諧、平和的狀態之下，一如徐復觀所言之「具體生命中所開闢出的內在地人格世界的無限性地顯現」，這是主體生命中內在人格的終極成全，雖然尚內在於血氣心知的具體性質中，然生命情境的成全是個重要關鍵，故當主體由「中」之規限中超越，體認到所謂「不勉之和」，則進一步透過「和」所展現的生命情態，推擴而爲性與天命的連結。此時之「性」已包含「和」之圓義，故是生命情境最美善、純然的表現。總此云云，所謂「中」，一如朱子及程子所言，著重在其行事之合度，重點在透過「不勉」而呈現「中」的自然流行，然正因其「不勉」，適得以引導「和」的顯現。朱子《集注》中曾言：「所謂聖者，不勉不思而至焉者也。」〔註32〕「不勉之中」的意義，響應了孔子之所以爲「聖者」的基本根據，而「不勉」致「中」的展現，更是主體生命氣質與天地流行合而爲一的結果，「中」是聖者超越性與天道行爲操持的體認，心中有此體認乃能於隨心所欲之際「不踰矩」；「和」則爲具體生命在行爲操持之外所外顯的內在人格世界，具體展現爲「優遊涵泳」的生命情態，及「從心所欲」超越之「和」境！故「從心所欲不踰矩」，主要是在性與天道連結的過程中，體認到主體生命的超越意義，並以「中」爲最深層、最理性的內容根據，在自然而然的情況下，發動「中」的理性根據而爲別具普遍性、和諧性之「和」的情感展現，這就是「不勉之中」所呈現的最高理境。而十五志於學、三十而立、四十不惑等歷程，則是在此認知上透過不斷地學習、修養，以朝此「和」心、「和」境靠近的結果。

　　成德思想的強調與德境的展現，一直以來便爲儒家思想的命脈及基調，因此除了〈爲政〉以孔子進德之序爲一修德序階之外，其他尚如：「興於詩，立於禮，成於樂」（〈泰伯〉）、「可與共學，未可與適道，可與適道，未可與立，

────────────

〔註31〕參徐復觀：《中國人性論史・先秦篇》，頁 88。
〔註32〕參朱熹：《四書章句集注》，頁 142。

可與立，未可與權」(〈子罕〉)、「知之者不如好之者，好之者不如樂之者」(〈雍也〉)……等，皆是呈顯一進德之理序，因此歷來學者之詮解重點，亦置於「成德」的概念下進行各目間的統攝。既然在道德意識的基礎上，「從心所欲不踰矩」的論述亦可透過生命境界及內在人格世界呈顯爲切入點，透顯屬於儒家成德之外的不同思想基調，則歷來受到諸多學者看重、討論的：「志於道，據於德，依於仁，游於藝」一章，是否能在「道、德、仁」等成德意識的遣用外，以超越之「和」爲一研究涉入點，進一步開啓「游於藝」的無限可能？

　　由於本節討論之重點落於「游於藝」一項，然就一家思想的完整性來說，「游於藝」與「志道」、「據德」、「依仁」各目間的思想關聯是不容切割的，故本文此處乃欲在吳冠宏〈儒家成德思想之進程與理序：以《論語》「志於道」章之四目關係的詮釋問題爲討論核心〉一文的基礎上，對「游於藝」進行美學旨趣的再探。吳冠宏於文中明揭近人錢穆與宋代朱熹對於「志於道」章迥異有別的詮釋風貌，輔以王夫之對朱子說法的再詮釋，進而指出：

> 朱子這種詮釋轉向，使「游於藝」彰顯出「自由」與「愉悅」的人格美趣，爾後在美學思潮的推波助瀾下，「游於藝」從原本成德之進程與理序的四目之一，變成了儒家美學中「道德實踐」與「藝術境界」之間的重要環節，它迥異於前三目的別旨殊趣亦隨著美學的興起而益顯。〔註33〕

此種說法的提出，足見「游於藝」於美學範疇中之別旨殊趣尚具諸多的思考空間與理解進路。就「游」與「藝」的各家注解說法來看，黃侃注言：

> 游者，履歷之辭也；藝，六藝謂禮樂書數射御也。其輕於仁，故云不足依據而宜遍遊歷以知之也。〔註34〕

很明顯地，黃侃所認定的「游於藝」並非是一藝術境界的落實，反之，追求的是技能的實踐，故講求六藝之遍歷以嫻熟操之，其立論基點或以《論語·子罕》孔子所言：

> 「吾少也賤，故多能鄙事。君子多乎哉？不多也！」牢曰：「子云：『吾不試，故藝』。」〔註35〕

〔註33〕參吳冠宏撰：〈儒家成德思想之進程與理序：以《論語》「志於道」章之四目關係的詮釋問題爲討論核心〉，收入於《東華人文學報》第3期（花蓮：國立東華大學人文社會科學學院，2001年7月），頁213－214。

〔註34〕參（梁）黃侃撰：《論語義疏》，收於《四部要籍注疏叢刊》卷四（北京：中華書局，1998年），頁203－204。

〔註35〕參《論語注疏》，頁78。

孔子因其不見遇而多「藝」，此「藝」所指當是技能層面的學習與實踐。而朱熹於此亦言：

> 游者，玩物適情之謂。藝，則禮樂之文射御書數之法，揭至理所寓而日用之不可闕者也。朝夕游焉以博其義理之趣，則應務有餘，而心亦無所放矣。〔註36〕

雖然朱子之「藝」，仍以禮樂射御書數等統之，然其已將「藝」視爲「揭至理所寓而日用之不可闕者」，「藝」至此開始擁有不同於以往的理解角度，不再拘限於一般技藝的統稱。而朱子以「玩物適情」釋「游」，主要乃是爲了「博」得「藝」之「義理之趣」，而非單求禮樂之文射御書數之法的表面義，因此是「質」上的躍進，也就是入於「藝」卻不拘於「藝」，透過「玩物適情」之「游」，轉化一般註解中所承載的「藝能」或文化傳承使命而爲「從容」、「胸次攸然」的生命情態，亦即在「適情」的標舉下，爲「游於藝」的詮說開啓了異於古經注疏的詮釋角度。〔註37〕不管如何，「導情適性」已成爲檢視儒家美學之「質」的重要依據，「游於藝」如此，「成於樂」亦是如此，寓於情而越於情，正是儒家文學、思想進行美學觀點的探究時，不可忽略的研究進路之一。

　　就各注家對「志於道」章的詮說來看，從黃侃到朱熹，「游於藝」一項的義涵與境界有逐漸向上提升的現象，甚至是近代學者，如李澤厚〔註38〕、蕭

〔註36〕 參朱熹：《四書章句集注》，頁 63。

〔註37〕 關於此點，吳冠宏有言：朱熹以「玩物適情」釋「游」，強調它於「量」上的「周全」義有別，可見朱子從「從容」取義，使「游於藝」有了「質」上的躍進，遂得高於「志道」、「據德」、「依仁」，如同「成於樂」之高於「興於詩」、「立於禮」般，而成爲理想之人格境界的完成。在此脈絡下，「游於藝」便極易從原本「六藝」──禮樂射御書數，此攸關日用間人文秩序與群體生活的格局，因「游」之「玩物適情」的轉向，遂偏於內聖之人格的圓融理境來闡發，如此孔子以「游於藝」所開展的人文志業與文化傳承的客觀面向便隨之淡化了，卻因揭示了主體「從容如此」與「胸次攸然」的美善理境，使道德人格與生活美學的內涵闡發上得以越出轉精，進而豐燦了儒學內聖之理想人格的義涵。以上參吳冠宏：〈儒家成德思想之進程與理序：以《論語》「志於道」章之四目關係的詮釋問題爲討論核心〉，頁 211～212。

〔註38〕 李澤厚：「游於藝的游，固然包含有涉歷的意思，同時更帶有一種自由感或自由愉悅的含義，其中當然也包含有游息、觀賞、娛樂的意思。孔子主張君子在志道、據德、依仁之外還要游於藝，不只是指掌握射、御之類的各種技藝，而且是指在這種技能掌握中所獲得的自由的感受，這其實就正是藝術創造的感受，亦即審美的感受。」以上參李澤厚著：《中國美學史》（臺北：里仁書局，1986 年），頁 125。

振邦等，也採取從一「藝術創造」或生命情境為切入點，進行「游於藝」的美學內涵探索。總體來說，「藝」的涵義不管代表的是「知能」或「技術」〔註39〕，最本然的意義應當是禮樂射御書數的「六藝」，而即便是「六藝」，也尚包括禮樂之「文」與射御書數之「法」，在「文」與「法」，即「知能」與「技術」相互含融的意義中，「藝」所代表的個別意義之爭成為無謂，重點乃轉移至「游」之意境的開展與呈現。

前文對於「從心所欲」的討論，曾提及「從心所欲不踰矩」之所以可能，主要是因孔子在性與天道連結的生命歷程中，體認到「超越血氣心知」之質性的存在，此體認並非一蹴可及，在「知天命」之生命歷程之前，尚包括諸多實踐性的工夫修養，由「志學」、「而立」、「不惑」的生命經驗即可一窺究竟；儘管「志學」、「而立」、「不惑」闡發的是生命境界的達成，然其背後所指涉的，即是「藝」的養成。一如前文所言，「藝」的含義包含了禮樂之「文」與射御書數之「法」，而禮樂更是儒家對君子、聖賢人格美追求的同時，不可或缺的一項重要因素，單由禮樂的創制非聖賢而不能即可窺見一斑，故「五十而知天命」前的種種生命境界，重點在人格及內涵的養成，一如「志道」、「據德」、「依仁」的進德涵養要求，再如《論語》「侍坐」章透過子路、冉有、公西華等之「志」所引導出來，入於世、有形的禮樂養成，這些種種，都是為了更超越、無形的生命境界做準備，一切人為之制、進德工夫在此全然消解，因為透過性與天道的連結，內在於人超越的質性進一步透顯，一如蕭振邦之於「游於藝」有言：

> 「游於藝」實涵兩義，一方面指的是踐仁成人之「成德」歷程中的「資藉輔助」，另一方面又指的是生命圓滿成就之後的創發與充實表現，換言之，即踐仁成人之後所開展的生命情境或人格世界之特徵。〔註40〕

其又言：

> 此時，個體由家國天下的擔負崗位，再度回歸主體自身之天地，而容有一生命圓滿情境的在開展與創發，足以彰顯主體自身維繫人文於不墜的精神表徵與生命情操。〔註41〕

〔註39〕 熊十力云：「古言藝者，其旨意廣泛，蓋含有知能或技術等義。」參見氏著：《原儒》（臺北：明文書局，1988 年），頁 25。

〔註40〕 參蕭振邦：〈由孔子的美學觀探究中國「唯美」的初始模式〉，收入於《文學與美學・第五冊》（臺北：文史哲出版社，1995 年），頁 168。

〔註41〕 同前註。

蕭振邦的論述中透顯出幾個意義，首先是「游於藝」的定位問題。也就是說，「游於藝」在儒家成德的歷程中，可視爲「成德」關鍵之一環，最終目標直指踐仁成人的「成德」之學，此時不管是「游」或「藝」，皆偏向於黃侃所言之「徧遊歷以知藝」的涵意，並未具有主體超越的義涵存在；而就另一方面來說，「游於藝」同時可指圓滿生命的成就，是在踐仁成人之學以外的超越理境，此時之「游」已不再是僅具實用意義之「藝」的衍申，相反的，「藝」成爲生命情境與人格世界的具現，也是經由「道、德、仁」遣用所展現的具體成果，而「游」則是生命情境圓滿達成之後，隨天地流行、與萬物同在同遊的無拘、逍遙情態。「游」之逍遙，並非如道家一般講求「精神的自由解放，以建立精神自由的王國」〔註42〕，而是即於主體生命內外、物我、天人間的和諧統一，故蕭振邦的論述中又透顯出「主體境界的回歸」義涵。所謂主體境界的回歸，除了蕭振邦所提及的「踐仁成人之後所開展的生命情境或人格世界之特徵」，尚包括一由「外」往「內」的「回歸」過程，此過程是在「反身用和」的階段中不斷養成，不僅僅是個體自覺由「家國天下」回歸至「主體自身」，亦是外在文化環境特徵的投射，如禮、樂的潛移默化，典籍中先聖先賢的諄諄教誨，「君子」在此階段養成，意識到主體自身所具備之超越質性有無限開展之可能，也提高了「游」的自主性與精神價值。

　　再者，由蕭振邦所言「游於藝」的兩種不同定位方式，可探得儒家思想中獨特的「躍升」義涵。「躍升」對儒家來說，其實就是「境界」的追求，亦即由「反身用和」的階段過渡至「昇圓成和」的過程。如本文所提到並進行討論的《論語》「侍坐」章、「志於道」章及孔子自言其進德歷程的〈爲政〉之「從心所欲不踰矩」，皆於思想過程中呈現一「躍升」的超越關係。「侍坐」章中子路、冉有、公西華等與曾點兩個不同境界的對話視窗；「志於道」章中，「游於藝」異於其他三者的人格美學義涵；「從心所欲不踰矩」透過性與天道相連結後所呈現的生命境界之提升；在在都爲儒家思想「躍升」義涵之表徵。除此之外，儒家典籍中，特別是《論語》中所記載爲人津津樂道的進德歷程的關係探討，如：「興於詩，立於禮，成於樂」的關係遞進或境界義涵的討論，皆呈現「躍升」之儒家思想癥結。「躍升」之於儒家思想來說，雖然是種「超越」的情態，然透顯儒家之「超越」，並非如道家有一先驗、超越的眞理之「道」以供追求，反之，儒家思想在經由「躍升」的過程及境界提升，不斷地涵養、

─────────────────

〔註42〕參徐復觀：《中國藝術精神》（臺北：學生書局，1966年），頁61。

轉化內在原有的思想義涵，再透過主體的精神與生命交相融會，呈現出不同
的思想風貌。以「游於藝」來說，從「偏遊歷以知藝」到超越境界義的躍升，
實際上就是儒家「和」義涵由「反身用和」到「昇圓成和」的階段成果展現，
故「和」之於「游」而言，除了是「道、德、仁」之和諧統一的表現之外，
同時也是生命境界圓滿達成之「和」。由此說來，「和」是「游」之根據，也
是「游」的表現；而「游」則擴大了「和」的生命力與外延意義，使之成爲
一種無拘、逍遙的生命情態展現。

　　朱子釋「游」爲「玩物適情」，開啓了儒家美善理境討論的一扇新窗。「玩」
與「適」的心境，適切展現「游」無所羈絆的精神；而「物」與「情」，更是
象徵相對主體與客體間的涵容並蓄，能在物我之間展現境界之無限，「玩」、
「適」、「物」、「情」除了是物我的辯證關係，更是主體對外、對內的生命安
頓，這些種種，非「和」而不能達成，輔以透過「躍升」來對儒家思想進行
討論，則「道德」對儒家美學的思考來說，不再是侷限與束縛；相反的，儒
家美學必透過「道德」而呈顯其不同於其他學說、最是彌足珍貴之處。不管
是「從心所欲不踰矩」或「游於藝」的論述，皆由進德修養入門，繼之轉化
以「優遊涵泳」、「適情玩物」的生命情態。「游」之所以可能實現，是因其能
在「和」所攝之「道、德、仁」的理境下「從心所欲」而「游」，故無踰矩之
虞；而「從心所欲不踰矩」所呈現的超越質性，又以「和」爲具體生命在行
爲操持之外所外顯的內在人格世界，透過「從容如此」、「胸次攸然」的主體
美善理境，則「昇圓成和」的生命情境與主體情態於焉上演！

　　由「從心所欲」、「游於藝」體現儒家之「和」境，在文本的交織互證下，
可見得從「侍坐」章到「志於道」章中儒家思想的一貫脈絡。「從心所欲」的
「優遊涵泳」到「游」之「玩物適情」，甚而「侍坐」章「浴乎沂，風乎舞雩，
詠而歸」的生命自由情態，皆在一舉手一投足間流露出自由、愉悅的生命情
調，並透過「躍升」的思想進階轉化，昇華而爲「和」的超越向度；由此亦
可間接看出「和」的轉化過程，在以「人」爲主體的前提之下，「反身用和」
與儒家樂論中的聖賢典型投射連成一氣，進一步呈顯出主體境界的回歸，而
當主體自覺其定位所在，則天地流行、行走坐臥、出處進退，無不悠然，此
時「和」之義再一翻轉，乃臻至「昇圓成和」之美善理境。「和」於儒家思想
中的定位，未必如「仁」境般崇高，然就「仁」境的達成而言，「由和而仁」
著實是儒家思想精神取向中不可或缺的關鍵因素。

第四節　以「和」爲綰合點的觀察

經由《論語・先進》「侍坐」章，及「從心所欲不踰矩」、「游於藝」等篇章的分析討論，足見「和」的精神內涵確實存在於儒家思想體系中，並作用在不同的面向。儒家思想是一門「生命」的哲學、是「道德」的哲學，更是「人」的哲學，蔡仁厚於《儒家思想的現代意義》一書的自序中即言：

> 儒家一直是立根於民族文化生命之大流，以「開顯文化理想，揭示生命方向，建立生活規範」爲職志。因此，儒家所講論的，實以常理常道爲主。而儒家哲學的基本觀念及其具有代表性的思想，也都可以作爲「人類生活的基本原理」和「人類文化的共同基礎」。〔註43〕

儒家思想之可大可久，就是因爲它的思想根源來自於對「文化」及「人」的關懷，而寄託在「內聖成德」及「外王」的學說主張上。「和」，既作爲儒家之「常理常道」之一，自然可以成爲「人類生活的基本原則」和「文化的共同基礎」來加以看待。然其並不同於「仁」、「禮」、「義」等成德工夫，「和」並未具有完整的成德主張供爲道者依循，而是必須在「成德」的輔助下，建構出「和」的精神氛圍，此氛圍是對儒家思想圓滿渾融的肯定，相對融入於儒家思想體系中，成爲儒家思想內在的精神取向之一。也就因爲如此，就儒家學說來進行觀察，其並未把「和」視爲成德工夫之一加以強調，而是灌注「和」以渾合「道德」、「主體生命」及「思想精神」爲一體的更高意向。關於此點，由孔、孟的「和」觀及《論語》篇章中所展現的氣象皆可探見端倪，故以下將針對「和」義涵在「侍坐」章、「從心所欲不踰矩」及「游於藝」章中產生作用的面向進行討論，檢視「和」之義涵精神於《論語》中通貫的具體面向。

壹、「適得其性」、「各得其所」

《論語・先進》「侍坐」章中「曾點之志」所呈現之「和」境，表現在「適得其性」、「各得其所」的「心和」與「境和」上，是天地盡入於心、萬物皆備於我的渾涵統一，主要表現在「人與自然的和諧」及「人與人的和諧」上。湯一介有言：

> 儒家的理想本來是基於個人道德人格的完善以求自我身心內外的和

〔註43〕參蔡仁厚著：《儒家思想的現代意義》（臺北：文津出版社，1999 年），頁 1。

諧，從這裡出發擴展而有「人與人之間的和諧」，進而有「人與自然
的和諧」、「自然的和諧」，它是以人文主義精神爲價值取向的。〔註44〕
所謂「人與自然的和諧」及「人與人的和諧」，即如張亨所言，是「主客消解」、
「物我和諧」的眞實之境：

> 在〈莫春篇〉中，讀者發現這裡沒有主客對立的緊張，而有物我一
> 體的和諧。自然萬物不再是人意欲或知解的客體，而是回歸它的自
> 身，眞正如其本身那樣顯現。而人與物都是「各得其所」「各遂其性」，
> 進而至「與天地萬物上下同流」的圓融之境。這就是「眞實」，也就
> 是「天理流行」的理境。〔註45〕

就張亨之所言，儒家究竟之「眞實」，指的其實就是一體之仁的圓融理境。要
達致「一體之仁」，則必以個人道德修養爲主，在成德的歷程中力求主體身心
內外的和諧，進而修心養性。個人性格足以影響行事風格，雖然人的個性是
與生俱來，無從選擇也無法更換，卻可以透過學習來修養轉化。在孔子的認
知中，「狂」與「狷」都是不合「中行」的〔註46〕，故透過學習，除了學得接
物處事的道理之外，要達到儒家「內聖成德」的標準，除了要致「中行」，還
須達到「適得其性」之「和」的表現，也就是主體個性「既中且和」的呈現。
「中」是「中行」的行事依據及判斷標準，「和」則顯示主體性格所發散的和
諧、協調氣質。儒家「中庸之道」所講求的，亦不過就是這兩個面向的和諧
統一，故所謂「適得其性」、「各得其所」之「和」，除了是主體精神所推擴與
自然、與所有個別主體的和諧統一之外，尚是儒家進德成聖的基本要求之一，
這同時也是「侍坐」章中曾點所言之「志」的意境之所以高出子路等三人所
言之志的重點所在。子路、冉有、公西華等所表現出來的，確是「適得其性」
的應對方式，然這只是適於「性」的呈現，所表現出來的雖是不矯揉、造作
的「侍坐」之「和」，然除了曾點與孔子之外，其他人所呈現的都是自我之「性」
的成全，而未到達主體與道德修養共臻的和諧狀態；反觀曾點之志，其所建
構的空間場域，已不僅僅是自我之「性」的成全，必是主體依於德而出於外
的生命氣質顯現，在此和諧的生命情調之下，主體與萬物各得其所，故能有

〔註44〕　參湯一介撰：〈中國哲學中和諧觀念的意義〉，收入於《哲學與文化》23 卷第
　　　　 2 期（1996 年 2 月），頁 1319。
〔註45〕　參張亨：《論語》中的一首詩〉，頁 487。
〔註46〕　《論語・子路》：「子曰：『不得中行而與之，必也狂狷乎！狂者進取，狷者有
　　　　 所不爲也。』」

「適得其性」之悠然無拘，亦方得以呈現主體精神、「人與自然」、「人與人」間的至和！

　　主體生命與道德修養共臻的和諧狀態，並非只適用於「侍坐」一章，而是放諸四海皆準的儒家「常理常道」之一。一如「從心所欲不踰矩」境界的發顯，若無十五志於學、三十而立、四十不惑的進階學習及生命境界的提升，則「從心所欲不踰矩」只能淪爲超越境界的空談；「游於藝」亦當如此，就儒家思想中的超越境界而論，在超越的背後必有一成德理據存在，這一成德理據就是主體生命融會道德後最澄澈之生命氣質的展現！有此和諧的生命理境作爲依據，則朱子所謂「玩物適情」、「優遊涵泳」的生命情態，亦將直指儒家「至和」境界的究極呈現！

貳、儒家生命氣象的具現

　　儒家思想，並不是一門純知識的哲學，其所面對及解決的多是「生命」的問題，故屬於「生命的學問」。也就因爲如此，儒家經典中諄諄教誨的金玉良言，多是提升主體生命境界、或是成德內聖之學的論述。在這種情況之下，儒家的經典往往承載了「成人」的使命，伴隨著成德修養工夫歷程的建構，成就儒家獨特的生命氣象。以《論語・先進》「侍坐」章、「從心所欲」及「游於藝」章來進行觀察，文獻當中所呈顯的生命氣象有二：一是「人」的主體精神展現；另一則是「境界」的超越。「境界」的超越一項於前文已多有論及，而在「人」的主體精神展現一項，實可以孔子形象作爲「典型」來進行討論，呈現儒家由「和心」推擴而爲「和行」的歷程。不過值得一提的是，所謂由「和心」推擴而爲「和行」的歷程，是指一切兼攝於「和心」之中，而「和心」直指「主體生命與道德修養共臻的和諧狀態」，「和行」只是「不踰矩」及「游」的具體行爲表現，並非境界的遞升現象。

　　孔子的形象在儒家思想中，特別是透過《論語》的記載，不難見得孔子在弟子後學或當時人心目中所具有的崇高地位，雖然亦有如長沮、桀溺及荷蓧丈人等對孔子積極出世的態度感到不以爲然而予以刁難、諷刺，然終究歸因於個人面對滔滔世局所採取、應對的方式不同，並無高下優劣之分，且孔子以一句：「鳥獸不可與同群！吾非斯人之徒與而誰與？天下有道，丘不與易

也。」〔註47〕道盡自身處於滔滔世局中所具「儒」之自覺及企圖引導、改革紊亂世局的當仁不讓之心，更見孔子「正道」理念之迫切。

《論語・述而》中記孔子之平居：

> 子之燕居，申申如也，夭夭如也。〔註48〕

此段最能代表孔子平居時之閒適，朱熹於此引程子等人之說法有言：「楊氏曰：『申申，其容舒也。夭夭，其色愉也。』程子曰：『此弟子善形容聖人處也，爲"申申"字說不盡，故更著"夭夭"字。今人燕居之時，不怠惰放肆，必太嚴厲。嚴厲時著此四字不得，怠惰放肆時亦著此四字不得，爲聖人便自有中和之氣。』」〔註49〕程子所謂「中和之氣」，即如前文討論「從心所欲不踰矩」時，主體以「中」爲「用」，以「和」爲「中」之發散，並透過「和」境的達成作爲致「仁」的關鍵。故孔子平居之容舒色愉，一如程子所言「具有中和之氣」，實已是「從心所欲不踰矩」的最佳寫照。孔子面臨不見用的困境，明知不可爲而爲之，其平居卻非喟嘆度日，鬱鬱寡歡，可見孔子心態之從容優游；而夫子之「適」，絕非矯揉強作，因其曾自云：

> 飯疏食，飲水，曲肱而枕之，樂亦在其中矣。不義而富且貴，於我如浮雲。〔註50〕

朱子《集注》於此有言：「聖人之心，渾然天理，雖處困極，而樂亦無不在焉。其視不義之富貴，如浮雲之無有，漠然無所動於其中也。程子曰：『非樂疏食飲水也，雖疏食飲水，不能改其樂也。不義之富貴，視之輕如浮雲然。』又曰：『須知所樂者何事。』」〔註51〕孔子之心，是無動於貧富貴賤之差異的，故雖疏食飲水，亦不能改孔子心中之樂，而究竟孔子心中所樂者何呢？可使其安貧曠達而不改其道。孔子於《論語・里仁》中有言：

〔註47〕 《論語・微子》：長沮、桀溺耦而耕。孔子過之，使子路問津焉。長沮曰：「夫執輿者爲誰？」子路曰：「爲孔丘。」曰：「是魯孔丘與？」曰：「是也。」曰：「是知津矣！」問於桀溺，桀溺曰：「子爲誰？」曰：「爲仲由。」曰：「是魯孔丘之徒與？」對曰：「然。」曰：「滔滔者，天下皆是也，而誰以易之？且而與其從辟人之士也，豈若從辟世之士哉？」耰而不輟。子路行以告，夫子憮然曰：「鳥獸不可與同群！吾非斯人之徒與而誰與？天下有道，丘不與易也。」參《論語注疏》，頁165。

〔註48〕 同前註，頁60。

〔註49〕 參朱熹：《四書章句集注》，頁62。

〔註50〕 參《論語注疏》，頁62。

〔註51〕 參朱熹：《四書章句集注》，頁66。

> 富與貴，是人之所欲也；不以其道得之，不處也。貧與賤，是人之
> 惡也；不以其道得之，不去也。君子去仁，惡乎成名。君子無終食
> 之間違仁，造次必於是，顚沛必於是。〔註52〕

得富且貴，如果依道而得，當然是一件好事；貧賤的生活雖然清苦，然若不以正道去之，則何妨泰然處之。因爲貧、賤、富、貴的生活對君子來說，都不是最重要的，君子所以能夠安於貧、賤、富、貴之中，最大的原因即是因爲君子之「愛仁」。以孔子來說，「仁」在生活中具有絕對的優先性，君子須時時秉仁自持，無終食之間違仁，故孔子可以樂在疏食飲水之中而絲毫不覺得苦，最主要乃是因爲主體生命早就被「仁」所充塞填滿，精神心靈的滿足，勝過珍饈瓊漿等的物質享受。而因爲孔子「愛仁」，時時以「仁」自持，在「仁」遣用於心之際，心、性同時得到「仁」的成全，進而呈現整體人格之美善，此時之「心」，透過「仁」、「美」、「善」等的作用，在潛移默化中達致「和」的氣氛，爲成全「仁」境而作準備。此段文獻與「曾點之志」所欲達之「和」心、「和」境有異曲同工之妙，可視爲在達到整個大環境的和諧之前，主體生命動向的安置。曾點之志與孔子之「與」所暗示的，確是一理想的國度，然此理想國度的建立，是一高遠、無止盡的追尋，在未達到那樣的化境前，孔子不讓自己的生命無所定向，於是選擇在塵世中自我安定，視富貴於浮雲，則塵世中再無事可牽絆本心的自由走向；粗茶淡飯不以爲苦，則再無任何名利可以誘惑、動搖恬適的心境。此時主體生命雖無法適切於人倫關係、社會架構中尋得「桃花源」式的安定，然其生命氣質與自然、天地間，早已合而爲一、連成一氣，達成主體生命情境與自然間的至「和」，成爲生命圓滿情境的表徵，再加上此種情態乃是入世的逍遙，更顯得珍貴可愛。

故孔子形象所展現的生命氣象及超越向度，不僅僅是「侍坐」章中曾點之志的具現。孔子的「典型」形象所表現於內的，是以「心和」爲基礎，開展出主體生命安定、閒適、無拘無求的一面，乃可由此體認「從心所欲不踰矩」及「游」的至高理境，也就是由「心和」推擴而爲「行和」的歷程。「侍坐」章及「從心所欲」章，一是以孔子爲參與對象來進行討論，孔子之所「與」實已揭示「心和」的最高理境；另一則爲孔子自述其進德之序，是「心和」涵攝「行和」後所展現從容優遊的生命氣度。而孔子所展現主體生命氣象之「和」，適爲「游於藝」之「游」的內在根據，也順勢揭示儒家完美理境之呈

〔註52〕參《論語注疏》，頁36。

現，勢必要以「主體生命與道德修養共臻的和諧狀態」所呈現之「心和」爲基礎，也就是以「德性開顯知性，知性回歸德性」的共構表現。〔註53〕

〔註53〕 參蔡仁厚：《儒家思想的現代意義》，頁214。

第六章 結 論

　　儒家思想中之「和」義涵，具備了獨特的內涵意義及思想特徵，故得以彰顯「和」與儒家主體生命情操的契應。這些內在含意，一部份來自於「和」的本質意義，經過儒家思想的轉化，乃進一步內攝於儒家思想體系之中，對儒家的美學鑑賞、文學批評產生作用；另一部份，則肇端於孔子所面對之禮崩樂壞的社會、文化環境，在面對「不和」的自然反應下，孔子個人對家國社會及聖賢人格的殷殷企求，無形中內化於孔子的想法中，成為儒家思想的一貫指導原則，亦使得儒家思想自然而然地傾向於「統整」、「和諧」、「圓滿」等趨向，同時建構出「和」概念內蘊於儒家思想中的特殊義涵。

　　本文之所以單獨標舉「和」作為詮釋儒家思想進路之一，一如前揭文中所言，在儒家思想體系建構之前，「和」即在史伯、晏嬰「和同」論的詮說下建構出其義涵之梗概，加上儒家樂論中，幾以「和」代表音樂的主要內容，甚至以「和」作為天地、四時運行或化生百物的依據。從史伯、晏嬰「和同」論到《樂記》的成書，「和」的義涵內容經歷了眾多儒家諸子思想的補充，而儒家「和」義涵內容的確立，大體仍不離儒家「中庸之道」的思想外延。

　　單就儒家思想的確立而論「和」義涵建構的重要性，與「中和」或「中庸」等大範疇的思想研究相較，相形之下可能顯得瑣碎，然即如前文所言，從史伯、晏嬰的「和同」論到《樂記》的成書，再推擴思考徐復觀、顏崑陽所推論之「中國藝術精神」的源頭在老、莊思想一項〔註1〕，其中即包含「和」的因素存在；此外，歷代詩話、詞話中亦多有以「和平渾厚」為作品風格之

─────────────

〔註 1〕 參徐復觀著：《中國藝術精神》（臺北：學生書局，1998 年）；顏崑陽著：《莊子藝術精神析論》（臺北：華正書局，1985 年）。

要求，甚至以此作爲文學評論之依據〔註2〕。種種資料顯示，在中國的文學評論或創作原則上，「和」已自成體系，而爲了明揭此一體系起承迭轉的過程，除了討論道家之「和」與中國藝術精神間的關聯之外，儒家思想中「和」義涵的揭示亦成爲理解中國美學、文學批評傳統的必要環節。故本文乃以儒家思想研究的再思考爲基點，進行以「和」作爲詮釋進路之可行性的討論，並順勢建構「和」在儒家思想中的義涵內容。

從研究成果上來看，雖然儒家經典中少有以「和」義涵爲主的闡發，然透過孔、孟思想中「和」觀的昭示，仍不難得見孔子在面對「和」之「前導性義涵」時所作的思想承繼與義涵深化。其中最重要的即是「君子和而不同」的論述，較「前導性義涵」深入之處乃在於孔子所賦予的道德評價及價值判斷。相對於史伯、晏嬰所提出的「和同」論，及《尚書》中「克敬于和」的說法，孔子更強烈地賦予「和」以道德呈現、道德判斷的使命；而有子所提出之「禮之用，和爲貴」一項，亦將「和」義涵一轉而爲儒家審美批評的依據之一，採取以「中」爲「體」、以「和」爲「用」的審美判斷；孟子繼之在此審美批評的基礎上賦予柳下惠「聖之和者」的道德評價，將「和」所蘊之審美批評直接運用在人物批評上；而其「天時不如地利，地利不如人和」的論述則順勢擴大了「和」之「前導性義涵」的關涉範圍，成爲「民心之和」與「人倫之和」的雙向概念。

整體說來，儒家思想中的「和」義涵承繼了「前導性義涵」中「和」的發生意義一項：其最初之生成必來自於一「多元」或「相對」的概念群，方能有效呈顯「和」的高度辯證生命力；而在義涵的深化上，則可歸納爲四個面向，分別爲：審美批評於「和」的成立；道德評價的加入；人物批評的運用及由「和實生物」推擴而爲「人倫之和」等。在儒家圓教義的支持下，「和」成爲儒家思想趨向圓滿、和諧、均衡的表徵，甚而是君子、聖賢等典型之身段與氣度的完滿表現，進而成爲儒家思想的內在精神取向。

除了義涵上的深化，「和」在儒家思想中不同於「前導性義涵」的表現尚包括其內在義涵的融通性。也就是說，「和」義涵既可以單獨成全某議題，亦可推擴於文學、思想的整體氛圍來看待。當「和」被內化於不同的課題中，

〔註2〕（明）胡應麟《詩藪》：「古詩不較徹殊多，大要不過二格：以和平渾厚、悲愴婉麗爲宗者……；以高閒曠逸、清遠玄妙爲宗者。」參胡應麟著：《詩藪》（臺北：廣文書局，1973年），頁88。

則被相對賦予此課題的精神內涵。以音樂來說，當「和」內化於音樂之中，則被視之爲「天地之和」，能夠遍化百物、移風易俗，使得天下皆寧；當「和」入於君子、聖賢的養成，則又具美善合一及文質兼備的道德要求；當「和」轉而爲以心、性爲主的中心指導原則，則其義涵又一變而爲「天下之達道」；故「和」於儒家思想來說，並非只有唯一、不變的義涵存在，相反的，「和」義涵之多元甚而提供儒家思想更大的思考外延，伸展其觸角而爲兼顧家國、天下的治世哲學。

因此「普遍」與「個殊」相容並具的特質，除了代表「和」義涵多變的身段，能夠融入在儒家各個不同範疇的討論中，其於儒家思想中應用之普適性亦是不容置疑的。由〈中庸〉所言：「中也者，天下之大本也；和也者，天下之達道也。致中和，天地位焉，萬物育焉。」應該不難體會，所謂「中」，是一切秩序運行的中心原則，把握住「中」的不偏不倚、無過與不及，才能使立基點不致偏頗；而確立了中心原則之後，則須以「和」爲推行之道。以成德而論，一如王夫之所言，「中」乃是「渾然一善而不倚於一端以見善」，相對「中」於「善」的面面俱到，「和」則著重在「成德」圓滿氛圍之展現，故「和」得以其身段之柔軟滲入儒家思想各範疇的罅隙中，而爲成事、成物之「達道」。

在儒家思想研究中，關於「中和」與「中庸」的討論一直是重要論題之一。這是因爲「中和」與「中庸」的概念，經過諸多學者的掘發陳說，早已建構出嚴整的內涵結構，加上「中和」、「中庸」的概念外延之廣大，幾乎是可放諸於四海皆準，籠罩整個儒家思想體系於其中，故成爲理解儒家思想的不二法門。雖然有「中和」與「中庸」作爲開啓儒家思想精奧之鑰匙，然有許多時候，「中和」與「中庸」這樣龐大的概念，卻也因其內涵之豐富浩廣，在收納相關議題於其中時，成爲一種理所當然的兼容關係，間接忽略了此議題的內部義涵結構與「中和」、「中庸」間的關聯。

以儒家對「人格美」的追求來說，在對「君子」、「聖賢」形象的深深戀慕上，就其本身所發散的容止氣度，儒家式的價值判斷爲「中和」之氣；而就其行事之擇善固執、不偏不倚，則又言其符合「中庸」之道。「中和之氣」與「中庸之道」乃就主體生命氣質的呈現與具體行事表徵作爲分野，故是一種互爲發凡的互成關係，本質上並無扞格之處，有時也很難釐清二者的差別所在，而不論是「中和」或「中庸」，皆可完整統攝儒家對於「人格美」的追

求於其中，這樣的對應關係，是一直以來最爲普遍接受的方式，然不可否認的是，不管是「中和」或「中庸」，作爲理解儒家思想的進路，均是以全面包容的方式來涵攝，故儘管在「君子成德之美」一項中，包括了「中」、「和」之個別義與互成義的作用，然在「中和」與「中庸」的審美批評上，只能見得「中和之氣」或符合「中庸之道」的一類概括性陳述，而無法得知「中」、「和」在君子成德過程中的個別作用。在孔、孟「和」觀的昭示中，已可見「和」的個別概念被運用在審美批評及人物評論上，故標舉「和」在儒家思想中進行討論的最大意義，就是可以在「中和」、「中庸」的全面理解之外，進行以「和」爲詮釋進路的思想討論，故「和」不僅僅可以呈現君子、聖賢的「中和之氣」，或行事上的不偏不倚，更重要的是透過細部的闡解，足以進一步分梳君子或聖賢形象所發顯的「中」行及「和」氣，不同於以「中和」或「中庸」所作的全面性理解，而在釐清的同時，適呈現儒家思想中對「中」或「和」的所重所求之處。此外，即便是以最爲大家所普遍接受的「中和」來進行理解儒家思想，「中」之所以與「和」作搭配，就主體情性而言，主要是要求主體情性在「未發」、「已發」之際皆須「無所偏倚」、「無所乘戾」；而就主體氣質與行事表徵而言，二者則透過交互作用，表現出具體「實踐」、「落實」與「氣質」、「精神」的兩種境界意義。再由「禮之用，和爲貴」一項進行觀察，「和」既爲「先王之道」的美與中庸原則之實現的最高表徵，且要素之一的「中」，已納入「禮」之「節」，成爲「和」之得以「行」的內在根源意義；加上孔子所言「君子之和」所展現「和順積中、英華發外」的溫和潤澤之貌，即是「仁」、「禮」相用的結果，由此皆可推論在孔子的思想觀念中，「和」除了原有的內涵意義之外，尚具備「中節」的條件於其中。而如此多元的因素，不僅使得儒家思想中「和」義涵存有多樣風貌，亦擴展了「和」議題在中國思想、文學史中的討論空間。

除了以儒家思想爲主的「和」義涵建構，在中國文學或思想史上，尚有許多關於「和」的議題值得進行細部的討論。如道家思想中，不管是老子或莊子，對於「和」皆多所言及，究竟儒家之「和」與道家之「和」的根源性問題有何異同？透過對「和」義涵的闡解與分析，是否能由此呈現儒道兩家根源思想的迥異或相涉之處？畢竟儒道兩家「和」義涵的開展，其中有一部份同是來自於對宇宙觀的認知，既然出發點相似，則經由不同思想浸潤的結果，產生不同的思考模式，這當中的差異就頗耐人尋味；不僅僅是儒道之「和」

的差別，「和」既然在儒家美學批評的範疇中佔有舉足輕重的地位，則將之置於美學批評史上，在歷時的脈絡中是否具有同等的效用？近人關於近體詩的聲律結構及元代的曲論批評中，均有以「和」、「中和」作為審美批評準則的例子出現﹝註3﹞，如果說「和」適用於歷代文學的審美評論，則儒道「和」義涵的確立，對於「和」在中國傳統文學批評、美學批評上效用的揭示，是否有推波助瀾之功？經由先秦儒道「和」義涵的追索，甚至有可能建構出以「和」為主的文學、美學批評脈絡，進而結合中國「言志」、「抒情」的批評傳統，在文學評論領域中連成一氣。再者，透過先秦儒道思想所開展出來的「和」義涵，雖然內部涵義有所不同，然經歷過魏晉時的儒道思想合流，及導因於儒道思想之相左所開展出來的不同文學批評脈絡，就「和」義涵本身而言，是否亦使得內部義涵產生變化？都是值得研究者深入討論、思考的問題。

諸如以上所言的種種議題，雖然文獻資料搜整不易，理論的構設上亦相當龐大、繁雜，然中國文學、思想的可愛與可貴之處，即是可以在不斷詮釋的過程中，掘發中國文學理解的多面性，並由此開發再詮釋的無限可能。故透過以「和」為詮釋進路之可行性及其義涵之開拓性研究的討論，除了呈現

﹝註3﹞ 以近體詩為例，張國慶即言：「近體詩聲律結構以自己的特有方式相當充分地體現著中國古代和諧精神。這一和諧精神，也即是一種具有濃厚辯證色彩的普遍和諧觀念。」張國慶同時又羅列兩種近體詩聲律結構體現中國和諧精神的模式，包括「局部和諧」與「整體和諧」。又（明）胡應麟《詩藪・五言》有云：「詩之難，其《十九首》乎！蓄神奇於溫厚，寓感愴於和平。」「和」於此間，除了是文學審美批評之一，亦成為創作的指導原則。此外，近代學者討論元代戲曲，亦採取「中和」或「和」作為審美及創作上批評準則的著作有：陳抱成著：《中國的戲曲文化──戲曲與「中和」哲學》（北京：中國戲劇出版社，1996 年），頁 99－108；傅謹的《戲曲美學》中，在探討戲曲的審美品性時，亦以「中和與含蓄的手法」作為研究進路；更有甚者，譚帆、陸煒合著之《中國古典戲劇理論史》，更在中國古典劇論的審美理想一項中，明白揭示「和」為古典劇論審美理想表現之一。筆者亦竊推測，所謂「元雜劇」之「雜」，與後來審美理想表現之「和」間是否有某些程度上的關聯？儘管元雜劇之「雜」，包含了諸多因素的作用，故稱其為「雜」，如舞台搬演、角色扮相、上場、下場、串場、弄譟等，然「雜」之作用，仍旨在構築一適當的情感宣洩管道，使劇中的情感、戲劇效果達至均衡、和諧的狀態。以上分別參照傅謹著：《戲曲美學》（臺北：文津出版社，1995 年），頁 90－105；譚帆、陸煒合著：《中國古典戲劇理論史》（北京：中國社會科學出版社，1993 年），頁 315－331；張國慶著：《儒、道美學與文化》（北京：中國社會科學出版社，2002 年），頁 23；（明）胡應麟著：《詩藪》（臺北：廣文書局，1973 年）。

以「和」作爲詮釋進路，進而理解儒家思想之爲可能以外，亦同步揭示「和」義涵在中國文學、思想傳統中所承載的高度研究價值，及其所可能負載的獨立涵義。

參考書目

壹、古籍

1. （秦）呂不韋等著：《呂氏春秋》（臺北：廣文書局，1965 年）。

2. （漢）孔安國傳，（唐）孔穎達疏：《尚書正義》（臺北：藝文印書館，2001 年）。

3. （漢）毛亨傳，（漢）鄭玄箋，（唐）孔穎達疏：《毛詩正義》（臺北：藝文印書館，2001 年）。

4. （漢）司馬遷著：《史記》（北京：中華書局，1997 年）。

5. （漢）班固纂集：《白虎通德論》（上海：上海商務印書館，1929 年）。

6. （漢）高誘注：《戰國策注》（臺北：藝文印書館，1974 年）。

7. （漢）許慎著，（清）段玉裁注：《說文解字注》（臺北：黎明文化事業公司，1996 年）。

8. （漢）趙岐注，（宋）孫奭疏：《孟子正義》（臺北：藝文印書館，2001 年）。

9. （漢）鄭玄注，（唐）孔穎達疏：《禮記注疏》（臺北：藝文印書館，2001 年）。

10. （漢）鄭玄注，（唐）賈公彥疏：《周禮注疏》（臺北：藝文印書館，2001 年）。

11. （魏）王弼注，（唐）孔穎達疏：《周易正義》（臺北：藝文印書館，2001 年）。

12. （三國）韋昭注：《國語》（臺北：世界書局，1975 年）。

13. （魏）何晏注，（宋）邢昺疏：《論語注疏》（臺北：藝文印書館，2001 年）。

14. （晉）杜預注，（唐）孔穎達正義：《春秋左傳正義》（臺北：藝文印書館，2001 年）。

15. （晉）郭璞注，（宋）邢昺疏：《爾雅注疏》（臺北：藝文印書館，重刊宋本十三經注疏，2001 年）。

16. （梁）黃侃著：《論語義疏》，收於《四部要籍注疏叢刊》（北京：中華書局，1998 年）。

17. （唐）尹知章注：《管子校正》（臺北：世界書局，1990 年）。

18. （宋）王應麟著，（清）翁元圻注：《翁注困學紀聞》（臺北：世界書局，1974 年）。

19. （宋）朱熹著：《四書章句集注》（濟南：齊魯書社，1996 年）。

20. （宋）張載著，（清）王夫之注：《張子正蒙》（上海：上海古籍出版社，2000 年）。

21. （明）王夫之著：《四書訓義》，收入於《船山全書》第七冊（長沙：嶽麓書社，1998 年）。

22. （明）王宗沐編：《陸象山全集》（臺北：世界書局，1966 年）。

23. （明）胡應麟著：《詩藪》（臺北：廣文書局，1973 年）。

24. （清）王念孫：《廣雅疏證》（臺北：藝文印書館印行，收入於「百部叢書集成」，1966 年）。

25. （清）王國維著：《觀堂集林》（石家莊：河北教育出版社，2001 年）。

26. 王利器校注：《風俗通義校注》（臺北：明文書局，1982 年）。

27. 袁珂著：《山海經校注》（臺北：里仁書局，1995 年）。

貳、專著

1. 王甦著：《孔學抉微》（臺北：黎明事業有限公司出版，1978 年）。

2. 朱光潛著：《文藝心理學》，收入於《朱光潛全集》第一卷，（合肥：安徽教育出版社，1996 年）。

3. 牟宗三著：《中國哲學十九講》（臺北：學生書局，1999 年）。

4. 吳冠宏著：《聖賢典型的儒道義蘊試詮》（臺北：里仁書局，2000 年）。

5. 呂大吉主編：《宗教學通論》（臺北：博遠出版有限公司，1993 年）。

6. 李孝定編述：《甲骨文字集釋》（臺北：中央研究院歷史語言研究所，1991 年）。

7. 李美燕著：《中國古代樂教思想》（高雄：麗文文化公司，1998 年初版）。

8. 李澤厚、劉綱紀主編：《中國美學史》（臺北：漢京文化事業有限公司，1986 年）。

9. 李澤厚著：《華夏美學》（臺北：三民書局，1996 年初版）。

10. 周紹賢著：《孔孟要義》（臺北：臺灣中華書局，1979 年）。

11. 周群振著：《儒學義理通詮》（臺北：學生書局，2000 年）。

12. 姚一葦著：《藝術的奧秘》（臺北：臺灣開明書局，1993 年）。

13. 徐復觀著：《中國人性論史——先秦篇》（臺北：臺灣商務印書館，1969 年）。

14. 張灝著：《幽暗意識與民主傳統》（臺北：聯經出版事業公司，1989 年）。

15. 張國慶著：《中和之美——普遍藝術和諧觀與特定藝術風格論》（成都：巴蜀書社，1995 年）。

16. 張國慶著：《中國古代美學要題新論》（北京：中國社會科學出版社，1994 年）。

17. 張國慶著：《儒道美學與文化》（北京：中國社會科學出版社，2002 年）。

18. 梁啓雄著：《荀子簡釋》（臺北：木鐸出版社，1988 年）。

19. 許倬雲著：《西周史》（臺北：聯經出版事業公司，1990 年）。

20. 郭沫若著：《卜辭通纂》（臺北：大通書局，1976 年）。

21. 陳抱成著：《中國的戲曲文化——戲曲與「中和」哲學》（北京：中國戲劇出版社，1996 年）。

22. 傅謹著：《戲曲美學》（臺北：文津出版社，1995 年）。

23. 勞思光著：《大學中庸譯註新編》（香港：香港中文大學出版社，2000 年）。

24. 勞思光著：《新編中國哲學史》（臺北：學生書局，1997 年）。

25. 楊儒賓著：《儒家身體觀》（臺北：中央研究院文哲研究所籌備處，1999 年，修訂一版）。

26. 楊樹達著：《積微居論語疏證》（臺北：大通出版社，1974 年）。

27. 董根洪著：《儒家中和哲學通論》（濟南：齊魯書社出版，2001 年）。

28. 熊十力著：《原儒》（臺北：明文書局，1988 年）。

29. 臧克和著：《中國文字與儒學思想》（南寧：廣西教育出版社，1999 年）。

30. 蔡仁厚著：《孔孟荀哲學》（臺北：學生書局，1999 年）。

31. 蔡仁厚著：《儒家思想的現代意義》（臺北：文津出版社，1999 年）。

32. 蔡仲德著：《中國音樂美學史》（臺北：藍燈文化股份有限公司，1993 年）。

33. 蕭璠著：《先秦史》（臺北：眾文圖書股份有限公司，1994 年）。

34. 錢穆著：《孔子與論語》（臺北：聯經出版事業公司，1994 年）。

35. 錢鍾書著：《七綴集》（上海：上海古籍出版社，1995 年）。

36. 譚帆、陸煒合著：《中國古典戲劇理論史》（北京：中國社會科學出版社，1993 年）。

參、單篇論文

1. 吳冠宏著：〈儒家成德思想之進程與理序：以《論語》「志於道」章之四目關係的詮釋問題爲討論核心〉，收入於《東華人文學報》第 3 期（花蓮：國立東華大學人文社會科學學院，2001 年 7 月）。

2. 張亨著：〈《論語》中的一首詩〉，收入於《思文之際論集——儒道思想的現代詮釋》（臺北：允晨文化，1997 年）。

3. 張國慶著：〈中和之美的幾種常見表現形式〉，收入於《文藝研究》第 4 期（1992 年）。

4. 張國慶著：〈論中和之美〉，收入於《文藝研究》第 3 期（1988 年）。

5. 張國慶著：〈論中和之美的哲學基礎〉，收入於《中國哲學研究》第 4 期（1986 年）。

6. 許又方著：〈失落的樂土——《論語·先進》「侍坐」章析論〉，收入於《孔孟月刊》第 37 卷 6 期（1999 年 2 月）。

7. 陳炳良著：〈舞雩歸詠春風香——《論語·侍坐》章的結構分析〉，收入於《形式·心理·反應——中國文學新詮》（臺北：臺灣商務印書館，1998 年）。

8. 陳鼓應著：〈「天和」、「人和」與「心和」——談道家的和諧觀〉，收入於《明報月刊》8 月號（1997 年）。

9. 陳增輝著：〈孔子「和」的哲學與世界文明發展〉，收入於潘富恩等主編：《孔子思想研究》（上海：上海古籍出版社，1999 年）。

10. 曾守正著：〈孔孟說詩活動中的言志思想〉，收入於：《鵝湖月刊》第 25 卷第 6 期。

11. 湯一介著：〈中國哲學中和諧觀念的意義〉，收入於《哲學與文化》23 卷第 2 期（1996 年 2 月）。

12. 劉順利著：〈樂記之「和」論〉，收於《天津師大學報》第 4 期（2000 年）。

13. 蕭振邦著：〈由孔子的美學觀探究中國「唯美」的初始模式〉，收入於《文學與美學·第五冊》（臺北：文史哲出版社，1995 年）。

14. 顏崑陽著：〈論先秦儒家美學的中心觀念與衍生意義〉，收入於淡江大學中國文學研究所主編：《文學與美學·第三冊》（臺北：文史哲出版社，1992 年）。

「樂」／「語」：儒家「即樂起興」的
途徑與趨向

（原刊於《東吳中文學報》第 23 期，2012 年 5 月，頁 1–22）

一、前言

　　由中國早期的文獻記載可以發現，中國的原始音樂活動大多與圖騰祭禮有關，[註1]講求的是音樂、詩歌與樂舞三者結合的整體美感。一直到〈韶〉樂的出現，才有了規模較大的音樂陣容與樂舞安排。孔子曾謂〈韶〉樂：「盡美矣，又盡善也。」直指〈韶〉樂之聲與舞容的盛大盡美，又因其內容演繹

〔註1〕　《呂氏春秋》〈仲夏紀〉：「帝顓頊生自若水，實處空桑，乃登爲帝，惟天之合，正風乃行，其音若熙熙淒淒鏘鏘。帝顓頊好其音，乃令飛龍作效八風之音，命之曰承雲，以祭上帝。乃令鱓先爲樂倡，鱓乃偃寢，以其尾鼓其腹，其音英英。」此處所說的「承雲」，據傳是祭祀上帝的樂舞，而黃帝部落以雲爲圖騰，故其可能是崇拜雲圖騰的樂舞。參見：〔漢〕呂不韋：《呂氏春秋》，中華書局據畢氏靈巖山館校本校刊，（臺北：臺灣中華書局，1981 年），卷五，頁9。又《左傳》昭公十七年：「昔者黃帝以雲紀，故爲雲師而雲名。」參〔周〕左丘明傳、〔晉〕杜預注、〔唐〕孔穎達疏：《春秋左傳正義》（臺北：藝文印書館，2001 年），頁 835。另《說文解字》：「巫，祝也，女能事無形，以舞降神者也。」巫者通鬼降神的方式是使用歌舞表演的儀式。《尚書》〈伊訓〉說：「敢有恒舞於宮，酣歌於室，時謂巫風。」疏曰：「巫以歌舞事鬼，故歌舞視爲巫覡之風俗也。」所以大體上可以斷定，巫者的歌舞是一種降神儀式，藉由祭祀活動以鬼神之力爲人消災致福，是中國原始社會不可缺少的特殊宗教儀式。由此可見早期的音樂活動多與圖騰祭禮有關。參〔漢〕許慎撰、〔清〕段玉裁注：《說文解字注》（臺北：黎明文化事業公司，1974 年）；〔漢〕孔安國傳：《尚書正義》（臺北：藝文印書館，2001 年），頁 115。呂大吉主編：《宗教學通論》（臺北：博遠出版有限公司，1993 年）。

舜繼堯從民受禪之事，故孔子進一步肯認其樂德之盡善。孔子評論〈韶〉樂的一番話，不僅賦予音樂以美、善的概念內容，同時凸顯了儒家論樂講究以「樂」符應「德」的一貫立場。此後，「以樂應德」幾乎成爲我們對儒家樂論的基本認識；然，「以樂應德」如何可能？儒家之「樂」如何有效承載「德」之深意？儒家又爲何選擇以「樂」應德的路向，使之不僅攸關整個儒家思潮「成德」的傾向，甚至由此揭舉儒家對於美好人格的追求與愛慕？筆者以爲，此中可能暗示了儒家看待音樂的不同眼光及定位，值得進一步深究。

　　爲了凸顯「樂」在儒家成德概念中所扮演的特殊角色，因此本文以樂教內容中的「樂」／「語」關係爲基本假定，亟欲通過「樂」／「語」的關係重新進行反省，揭櫫儒家所謂之「樂」〔註2〕，正是以一種「類語言」〔註3〕的形式，甚至有時是以「元語言」或「對象語言」〔註4〕之姿，成爲闡釋儒

〔註2〕　儒家之「樂」，具備許多不同的層次與指涉意義，如：「音樂」、「樂教」、「樂語」、「樂論」等。若欲建構儒家「即樂起興」的途徑與趨向，則必須先釐清這些不同詞彙的內容意涵，方得以有效論辯。所謂「樂教」，指的是儒家對於音樂的總體掌握，及其與儒家思想結合後所衍申攸關道德性與政治、社會功能的系統性討論；「音樂」，指的是一套可演奏、用之以聆聽的音律、樂曲；「樂論」，則是將這套音律、樂曲以文字具體落實，同時納入儒家思想體系中進行深入詮釋的結果。至於「樂語」即歌辭，亦即詩，是由大司樂講授的詩篇，因此與「樂」／「語」有別。「樂」／「語」是音樂與語言的相對關係討論。

〔註3〕　把音樂視爲「類語言」，是阿多諾（Theodor W. Adorno）所提出，其於〈論音樂和語言的斷簡殘編〉一文中指出：「音樂是樂似語言的。音樂的慣用語、音樂的語調，這些表達並不是象徵。但是音樂並不是語言。它的類語言性指出了通向內在，然而也通向含混的道路。」自此，音樂的「類語言性」這個概念便成爲音樂界與哲學界的重要命題。參羅爾夫·泰德曼（Rolf Tidelmann）編：《阿多諾全集》第16集（Gesammelte Schriften Bd.16），（休坎普·維格威公司出版，1970～1980年），頁251。

〔註4〕　「元語言」的說法起源於哲學界，後被應用於語言中的邏輯分析，並衍生出不同的應用面向。關於「元語言」的定義，目前學界仍不盡一致，本文採蘇新春的廣義定義：「『元語言』最早是由哲學界提出的一個命題。20世紀波蘭邏輯學家塔斯基（Alfred Tarski）認爲人們當判斷一句話是真還是假時，往往會把這句話的客觀真實性與這句話存在的真實性混淆在一起。因此，在區別語言與語言所指稱的事物的關係時，就有必要把真實語言與形式語言區分開來。真實語言是與客觀物件相聯繫的語言，在與元語言相對時稱之爲對象語言。而用來稱說物件語言的則是元語言。」以上說法參哈特曼（R. R. K. Hartmann）、斯托克（F. C. Stork）著：《語言與語言學詞典》（上海：上海辭書出版社，1981年）。蘇新春：〈元語言研究的三種理解及釋義型元語言研究評述〉，《江西師範大學學報》6期（2003年）。蘇新春：《漢語釋義元語言研究》（上海：上海教育出版社，2005年）。

家德性論的根據。繼之，本文將進一步由「即樂起興」的途徑與趨向，實際揭示儒家之樂教理論與理想人格間的相互「映照關係」（mirror relation），用以展示個體生命之圓融人格具現之際，所得以形成群體生命和諧秩序的存有境界。

　　所謂「元語言」，是指描寫和分析某種語言所使用的一種語言或符號集合，由波蘭邏輯學家塔斯基（Alfred Tarski）提出，用以區別真實語言與形式語言。若以儒家音樂與樂論的關係而言，在儒家將音樂視為是一種語言的基本假定下，當音樂與樂論並列時，音樂是為樂論（元語言）所描寫或分析的「對象語言」；當音樂與道德並立時，音樂則成為「元語言」與道德（對象語言）相對，而正因為音樂在儒家思想中所扮演「元語言」與「對象語言」之雙重角色的動態共生，乃使得音樂的語言跡象得以被窺見，成為詮釋儒家樂教內容的新路向。

　　筆者以為，討論儒家樂教內容時，必須清楚覺知到「音樂」與「樂論」的不同。儒家「六藝」：《詩》、《書》、《易》、《禮》、《樂》、《春秋》中，《詩》、《書》、《春秋》的完成是直接緣自於語言文字的著錄；《易》、《禮》、《樂》則演繹自易象、行儀與音律，亦即現今所見文字所著錄者，乃是一抽象思維或禮、樂精神被具體化的結果。《詩》、《書》、《春秋》的著錄，背後當然不乏有對於外在現象、事物的觀察，因此也具備一思維被文字具體化落實的過程；然不若《易》、《禮》、《樂》，必先通過一系列對於天地自然之象、行儀、音律等的領略與系統性操作，再著墨於文字。從本質上來說，「六藝」是沒有差別的，所以馬浮即曾言及儒家詩教與禮樂的關係，而曰：「《詩》、《樂》必與《書》、《禮》通。」〔註5〕這是馬浮一貫的主張；然儒家樂論與《詩》、《書》、《禮》、《易》等最大的不同在於：音樂不只是音律或節奏，儒家認為音樂其實就是一種特殊語言，除了由樂論之所載可明樂之德外，通過樂音的直接聆聽，亦可通人情、移風俗，甚至明禮義，一如《左傳》襄公二十九年所記「季札來聘，請觀於周樂」一則所錄：「聞其樂而知其德」。季札所悉之德，是由樂音傳遞而非由樂論所得，故音樂本身即具有傳遞訊息之「用」，且在樂論之先。準此，儒家樂教「即樂起興」之研究路徑應鎖定在「樂」所扮演的角色及其趨向上，翻轉以樂論主導音樂的研究路向。亦即，當我們進行儒家樂教相關

〔註5〕　〔清〕馬浮：《復性書院講錄》（臺北：廣文書局，1971年），頁100。

討論時，總在不知不覺中將樂論內容凌駕於音樂之上，〔註6〕或將二者混爲一談，混淆樂論／音樂／道德間之「元語言」及「對象語言」的區別，忽略儒家所寄予音樂的特殊角色及音樂與主體間的相互作用關係。其實若回到儒家樂教之源頭重新審視，則不難發現可顯風行草偃之效者乃是音樂本身，而非樂論之所闡，故後世指稱精通音律者抑或知樂者皆謂：「知音」〔註7〕，由此亦可見一斑。

　　至於有關「興」義的討論，前輩學者所累積之研究成果卓然，亦已規劃出自先秦以至六朝之「興」義的具體轉變。〔註8〕唯此中引起筆者興趣的，乃近人蔣年豐曾著文立說，並明確指出儒家經典中存在著一個「興的精神現象學」，其以中國品鑒人格氣象學、孟子論詩與形體哲學及《春秋》經傳爲示例，具體展示「興」的精神現象，及其連結於傳統詩教之內在所具的解釋學底蘊。蔣氏之論意在重新回到「語言」的現場，關注文字語言所能開啓的全新視域，藉此鬆動唐君毅、牟宗三以降，西方形上學與意識哲學對於當代儒學研究的侷限，所以蔣氏由「仁心詩興」的詩教向度出發，通過儒家經典的語言文字來觀察「人的精神奮發興起的現象」。〔註9〕筆者相當認同蔣氏的說法，不過

〔註 6〕　本文雖反對在進行儒家樂教相關討論時，將樂論凌駕於音樂之上，然這並不表示本研究否定樂論的存在。事實上，儒家所謂之「雅樂」，今日已不可得而聞之，儒家樂教理念只能由相關樂論中抽絲剝繭而得；但是我們仍必須清楚區分音樂與樂論之別，才能客觀、有效地檢視儒家看待音樂的態度，由儒家音樂內在本質的探析更進一步，雙向闡明儒家重視音樂的原因動機與目的動機。

〔註 7〕　「知音」一詞在先秦到秦漢間出現過三次，一是《呂氏春秋‧仲冬記‧長見》中記師曠是爲「知音」者；另一則見於《禮記‧樂記》：「審聲以知音」之論。還有一則是伯牙和鐘子期的故事，見於《呂氏春秋‧本味》，又見於《列子‧湯問》。

〔註 8〕　顏崑陽：〈從「言位意差」論先秦至六朝「興」義的演變〉，《清華學報》28：2 期（1998 年 6 月），頁 143－172。其他如李正治〈興義轉向的關鍵——鍾嶸對「興」的新解〉一文指出：「興是一個存在上「感物起情」的美感經驗。」李正治：〈興義轉向的關鍵——鍾嶸對「興」的新解〉，《中外文學》12：7 期（1991 年 12 月），頁 67；廖蔚卿轉由「語言構造」的視角論「興」。參廖蔚卿：《六朝文論》（臺北：聯經出版事業公司，1985 年），頁 227－228；羅立乾則從「情」、「景」瞬間觸發的審美直覺以論「興」。參羅立乾：《鍾嶸詩歌美學》（臺北：東大圖書公司，1990 年），頁 100。另如蕭華榮〈六朝感興說〉、袁濟喜〈興：魏晉六朝藝術生命的啟動〉、陳伯海〈釋感興——中國詩學的生命發動論〉等，皆各有陳說，因篇幅所限，不一一具引。

〔註 9〕　蔣年豐：〈從「興」的精神現象論《春秋》經傳的解釋學基礎〉，《文本與實踐（一）：儒家思想的當代詮釋》（臺北：桂冠圖書公司，2000 年），頁 100。

也同時認爲：儒家思想中若眞的存在蔣氏所謂之「興的精神現象學」，則此「興」之振發，不必然限定在特定語言文字的場域中，而僅顯露出解釋學的一個側面。章學誠即曾言：「（興）象之所包廣矣，非徒《易》而已，『六藝』莫不兼之。」〔註10〕雖未有具體語言文字傳遞訊息，通過「闡樂」卻可以知德、通政，這正是儒家之「樂」所引致主體與音樂間互爲主體性的「映照」關係，亦即音樂所疏通的「興」的精神作用。其實蔣年豐已經注意到這個側面，只是未有系統性的闡釋，其曾自作問答：「那麼孔子是在哪個節骨眼上將詩教比興的精神接到人格品鑒上去呢？這個問題要扣緊孔子的『樂教』才能得到正解。」〔註11〕蔣年豐由語言的比興精神發現中國人物品鑒與儒家樂教的關係；筆者則欲重新掘發音樂在儒家思想中所扮演的「類語言」角色，進一步展示儒家之樂教雖有別於傳統詩教的「比興」語文系統，然內在亦隱涵有一特殊的「興」的情境作用，並由此闡明儒家樂論中「即樂起興」的途徑與趨向，聯繫其與理想人格間的相互建構關係。

　　本文將實際運用分類、比較、分析等一般人文學研究方法來重新理解儒家音樂材料，藉以釐清音樂於儒家樂教中所扮演的特殊角色——「通乎形上與形下的語文跡象」；而後在蔣年豐「興的精神現象學」之解釋學基礎上，演繹儒家樂教「即樂起興」的路徑與趨向。最後則由儒家理想人格與音樂「興象」爲入路，建構樂音之於理想人格間的相對聯繫關係。

二、「樂」／「語」的聯繫

　　六朝詩文聲律興起之後，音樂與語言的關係備受文人關注，最具代表性者有沈約之言：

　　　　夫五色相宣，八音協暢，由乎玄黃律呂，各適物宜。欲使宮羽相變，
　　　　低昂互節：若前有浮聲，後有切響；一簡之内，音韻盡殊；兩句之
　　　　中，輕重悉異。妙達此旨，方可言文。〔註12〕

沈約主張語音的輕重、樂音的低昂等因素需相互配合，方可增加詩歌的音樂性。這是以文字音律搭配樂音的創作考量，也是音樂與語言產生聯繫相當重

〔註10〕〔清〕章學誠：《文史通義》（臺北：臺灣中華書局，1981 年），〈易教下〉，頁6。

〔註11〕蔣年豐：〈品鑒人格氣象的解釋學〉，《文本與實踐（一）：儒家思想的當代詮釋》（臺北：桂冠圖書公司，2000 年），頁9。

〔註12〕〔南朝〕沈約：《宋書》（北京：中華書局，1997 年），頁 1779。

要的一頁。自此爾後，語音、語言與音樂的關係被顯題化，在詩詞吟誦的過程中，文字聲韻與音樂的微妙結合亦成爲文人關注的焦點。不過，在此之前的儒家樂教系統中，「樂」／「語」的聯繫其實已有跡可尋，且儒家幾乎將「樂」納入語言之一環，使音樂內具有積極、主動的薰染能力，同時將抽象道德精神具體化於樂音之中，讓音樂的角色與能力有了長足的突破。

儒家與音樂相關的文獻相當多，其中直接提及「樂語」者，即《周禮》〈春官宗伯・大司樂〉：

> 大司樂掌成均之法，以治建國之學政，而合國之子弟焉。凡有道者、有德者，使教焉；死則以爲樂祖，祭於瞽宗。以樂德教國子：中、和、祇、庸、孝、友。以樂語教國子：興、道、諷、誦、言、語。以樂舞教國子舞《雲門》、《大卷》、《大咸》、《大韶》、《大夏》、《大濩》、《大武》。以六律、六同、五聲、八音、六舞大合樂，以致鬼神示，以和邦國，以諧萬民，以安賓客，以説遠人，以作動物。〔註13〕

其中所謂之「樂語」，大陸學者卜鍵依古代學者述解直釋曰：「樂語即歌辭，亦即詩，由大司樂講授的詩篇，當是習禮習樂的教材。」〔註14〕楊朝明則著眼大處，比較《周禮》〈春官宗伯・大師〉論「六詩」之教：「大師掌六律、六同，以合陰陽之聲。……教六詩：曰風、曰賦、曰比、曰興、曰雅、曰頌。以六德爲之本，以六律爲之音。」〔註15〕指出：「在『樂語』與『六詩』之間，存在著一種聯繫。」〔註16〕認爲古樂語與六詩是依樂序而設教的。此說將「六詩」與「樂語」的關係聯繫於「樂」。另朱淵清亦立論說明「六詩」與「樂語」的差異：

> 差別在於大師掌管的是「六律六同」，以樂工爲教；大司樂掌管的是「成均之法」，以「合國之子弟」爲教。故「六詩」偏重於「樂」，基本按風（徒歌）、賦（朗誦）、比（和唱）、興（合唱）、雅（配器樂）、頌（配打擊樂和舞蹈）這種音樂性遞增的次序排列；「樂語」六類則

〔註13〕〔漢〕鄭玄注、〔唐〕賈公彥疏：《周禮注疏》（臺北：藝文印書館，2001 年），頁 336－337。

〔註14〕卜鍵：〈歌舞小戲的文學記述——《詩經》中的社歌與新樂〉，載於國立臺灣大學音樂研究所編：《兩岸小戲學術研討會論文集》（宜蘭：國立傳統藝術中心出版，2001 年），頁 4。

〔註15〕《周禮注疏》，頁 354－356。

〔註16〕楊朝明：〈《周禮》「六詩」與周代的詩樂教化〉，《出土文獻與儒家學術研究》（臺北：五南圖書公司，2007 年），頁 65。

偏重於「語」，於是按興（合唱）、道（和）、諷（徒歌）、誦（朗誦）、

言（韻語）、語（白語）這種音樂性遞減的次序排列。〔註17〕

依據朱淵清的說法，「六詩」偏重於「樂」，「樂語」的內容則偏重於「語」，由此已可見音樂與語言的相互交涉關係──「六詩」合樂，音樂搭配文字成為遞送詩義的管道與途徑；「樂語」之內容則更進一步強調音樂所能承載的語言表達功能，通過興、道、諷、誦、言、語等不同形式展現出來。

　　為什麼「樂」具有如此深廣之表意能力？首先，音樂本具之形式與結構是普遍可知的，如《論語》〈八佾〉孔子之言：「樂其可知也。始作，翕如也；從之，純如也，皦如也，繹如也，以成。」音樂具有一「時間的觀念性」，〔註18〕通過時間的流動而開展出不同的樂章結構，加上五音六律、清濁高下的相生相成，更足以激發聽者的共鳴，因此不僅可由「聲音之道」以「知政」，陳昭瑛也認為：「中國古代音樂的藝術功能不只是『表現』，還有『反映』。」〔註19〕其次，一如《周禮》〈大司樂〉所錄，儒家之「樂」乃是六律、六同、五聲、八音、六舞之集合，故一方面得以「致鬼神示」，另一方面又能夠和邦國、諧萬民。音樂要能夠和睦邦國、諧暢民情，必有賴於邦國與百姓間對於音樂聆賞及意會的共識，且此共識必不由音樂藝術鑑賞之層次發論，因為個別主體對於樂音的接受與喜愛有別，也因為如此，才需要有一套特定的音樂形式與內容被規定出來，通過這一套音樂形式及內容的操作演繹，傳達儒家樂教追求「盡美盡善」的終極理想，這一套音樂形式即是符合中庸之道的「雅樂」。以〈韶〉、〈武〉為例，孔子聞〈韶〉，乃至於「三月不知肉味」；〈武〉在孔子心中雖未臻至善，然亦以為無傷大雅，〔註20〕可是這樣的音樂在魏文侯耳中聽來卻是「唯恐臥」。〔註21〕由此可知，孔子並非堅持演奏音調平和、節奏緩

〔註17〕　朱淵清：〈六詩考〉，載於中國詩經學會編：《第三屆詩經國際學術研討會論文集》（香港：天馬圖書有限公司，1998年）。

〔註18〕　黑格爾著、朱光潛譯：《美學》（臺北：里仁書局，1981年），第1冊，頁114。

〔註19〕　陳昭瑛：〈知音、知樂與知政：儒家音樂美學中的「體知」概念〉，載於《臺灣東亞文明研究學刊》，3：2（2006年12月），頁47。

〔註20〕　蔡仲德：「〈武〉表現周武王征服殷商、統一中國的武功，季札也頗為贊賞，說『美哉！周之盛也，其若此乎！』，孔子雖有所不滿，卻以為無傷大雅，故以『未盡善』評之。」參蔡仲德：《中國音樂美學史》（臺北：藍燈文化出版，1993年），頁73。

〔註21〕　〔漢〕鄭玄著、〔唐〕孔穎達正義：《禮記注疏》（臺北：藝文印書館，2001年），頁686。

慢的音樂形式；而是因爲〈韶〉、〈武〉之內容不外乎頌揚先王、先祖之德，每聆聽一次〈韶〉、〈武〉之樂，就如沐於先王、先祖之德馨中。《史記・孔子世家》曰：「三百五篇，孔子皆弦歌，以求合韶、武、雅、頌之音，禮樂至此可得而述。」〔註22〕本文以爲，此「述」除講述、傳布之義外，應還包括「樂」主動以「述」的能力，以及彰顯其可被承繼、傳述的特質。〔註23〕孔子將《詩經》三百五篇皆配以弦歌的目的，是爲了使禮樂「可得而述」，如果語言文字已可完全承擔起這個重責，便無需搭配合於韶、武、雅、頌之音的弦歌以行，由此足見孔子應亦將音樂視之爲訊息傳遞的管道之一，且專爲傳遞德禮精神而存在。

　　儒家「樂」與「語」的聯繫關係有二：一是音樂與歌辭的結合；另一則是「樂」本身即具一「類語言」的姿態，承擔儒家德禮精神的傳布之用。可是音樂爲什麼需要具備類似語言表意的功能？《周禮》〈大司樂〉已明言，「樂」在儒家是六律、六同、五聲、八音、六舞之集合，〔註24〕其用除了和邦國、諧萬民外，還必須「致鬼神示」。儒家思想的精神重在追求現實生活的價值與意義，因此孔子罕言性與天道及鬼神之事，可是「鬼神」背後畢竟承載著儒家對「天」的崇敬與祭祀禮俗的精神，在孔子選擇「罕言」、「不語」的狀況下，「致鬼神示」如何可能？其實，此所以可能的根據已自然落在「樂」上。《史記》〈樂書〉稱：「禮樂順天地之誠，達神明之德，降興上下之神。」〔註25〕《禮記》〈樂記〉亦言：「樂者敦和，率神而從天。」〔註26〕「樂」在早期便與祭禮有關；相對於詩文而言，又多了一可上達天聽的暢德之用。此「用」

〔註22〕　〔漢〕司馬遷：《史記》（北京：中華書局，1997年），頁1936－1937。

〔註23〕　《禮記・中庸》：「子曰：『無憂者其惟文王乎！以王季爲父，以武王爲子，父作之，子述之。』」又：「子曰：『武王、周公，其達孝矣乎！夫孝者：善繼人之志，善述人之事者也。』」甚如「仲尼祖述堯、舜，憲章文、武」之說等，這些「述」字都隱含有傳述、繼承之義。

〔註24〕　《禮記・樂記》中亦有類似的說法：「凡音者，生於人心者也。樂者，通倫理者也。是故知聲而不知音者，禽獸是也；知音而不知樂者，眾庶是也。唯君子爲能知樂。是故審聲以知音，審音以知樂，審樂以知政，而治道備矣。」輔以：「凡音者，生人心者也。情動於中，故形於聲。聲成文，謂之音。」及「比音而樂之，及干戚、羽旄，謂之樂。」通過對這幾則文獻的分析，可知「聲」與「音」的差別在於是否「成文」，亦即是否形成曲調；而「樂」則是聲、音、舞容的盛大集合。

〔註25〕　《史記》，頁1202。

〔註26〕　《禮記注疏》，頁671。

應是順應儒家文化所需而衍化出來的，亦使得儒家之「樂」具備類似語言得以傳德達意之特質。

三、「樂感」而「化成」：儒家「即樂起興」的途徑與趨向

音樂最大的特色，就是能抹去實質與形式的分別，它不但能表現心靈，還能透過音符與曲調來引發感動的共鳴，展現樂音的巨大感染力。若欲討論儒家「即樂起興」之傾向，則必不可忽略《尚書》〈舜典〉之所載：

> 帝曰：「夔！命汝典樂，教胄子。直而溫，寬而栗，剛而無虐，簡而無傲。詩言志，歌永言，聲依永，律和聲；八音克諧，無相奪倫；神人以和。夔曰：『於！予擊石拊石，百獸率舞。』」〔註27〕

這段文獻雖常被視爲是中國「詩言志」說的起點；然由樂教的眼光看來，亦頗有可觀之處。此中所揭示者，除了音樂寓有教育功能，故舜命夔典樂以教胄子外，亦闡明所謂合格之「樂」的內容，需包括詩、歌、聲、律的彼此配合，並符合「八音克諧，無相奪倫」的要求，方能達到「神人以和」的境界；而音樂同時亦具有「直」、「溫」、「寬」、「栗」、「剛」、「無虐」、「簡」、「無傲」等諸德行，兩兩互補，以達中和。〔註28〕如此說來，音樂所具有的教育意義乃是透過種種德行與和諧美感的相互作用而成，亦即儒家樂教的意義必須即一德性主體之廣度以顯，方可能達到「神人以和」之至境。至於夔所發：「予擊石拊石，百獸率舞」之語，傳達通過擊拊石磬、以樂感百獸之況，適可見音樂不僅足以鼓舞精神，也同時內具一由「樂感」而「化成」的動態歷程；亦是依此回環印證，才得以呈顯舜之命夔「典樂」乃具有意義。歸納前言，夔之「典樂」的意義其實有二：一在以「樂」爲教，追求儒家樂教至高之「和」境與德化意義；二則重在由此引生一種由「樂感」而「化成」的活動，使德性主體與音樂二者能夠融合貫立，進而使德性主體能夠「成於樂」，展現儒家

〔註27〕《尚書正義》，頁46。
〔註28〕曾守正在其論著中認爲《尚書》〈堯典〉的這段文獻有四點值得注意：（1）命夔典樂，並用以教導胄子，所以，樂具有教育功能。（2）樂可以陶養性情，使人具有「直」、「溫」、「寬」、「栗」、「剛」、「無虐」、「簡」、「無傲」諸德行；且兩兩互制互補，導向中和之道。（3）樂的內容包括詩、歌、聲、律的彼此配合。（4）詩、歌、聲、律的靜態條件，須注入「八音克諧，無相奪倫」的要求，才能達到「神人以和」的境界，並且體現眞正的樂。以上參曾守正：〈孔孟說詩活動中的言志思想〉，《鵝湖月刊》25：6（1999年12月），頁5。

樂教的特殊意義。此自成體系的動態歷程，即如蔣氏所謂之「人的精神奮發興起的現象」，亦即由音樂所引生的「興」的活動；而樂音乃成爲一種特殊的德教之「言」，通過「興」的作用被理解、被接受。

　　蔣年豐認爲，從「興的精神現象學」來探究儒家的解釋學基礎，必然會遭遇一「原始語言」（Primordial lannguage）的問題，當人們理解這種語言時，會感受到「從深不可測之存在根源而起的興發」。即此，蔣氏拈出「風」字，以爲「『風』乃是中國經學解釋學最根本的現象。儒家經典中所記載的原始語言都充滿了『風』的意味。」〔註 29〕「風」字在古文字學者及神話學者的眼中，即是「鳳」字。根據羅振玉《殷墟書契考釋》一書的說法，王國維首先點出「鳳」與「風」在甲骨文中均同，羅振玉肯定其說。〔註 30〕郭沫若則又進一步指出：「鳳」便是風神。〔註 31〕蔣氏在此基礎上引申，並指陳：「鳳鳥是風神，而風又是天然音樂的作者，所以風神（鳳）乃是音樂的來源。」〔註 32〕「風」與「鳳」字既在其原始義處與音樂相關，則《呂氏春秋》〈古樂〉：「昔黃帝令伶倫作爲律。……聽鳳皇之鳴，以別十二律。……帝顓頊好其音，乃令飛龍作，效八風之音，命之曰〈承雲〉，以祭上帝。」〔註 33〕由「鳳皇之鳴」以別律，可見律呂之取法創制；「效八風之音」，則已知顓頊聞正風而好其音，故願習效並以之祭祝上帝。「風」既是天然音樂的作者，又具「原始語言」之姿，被視爲中國解釋學的根本現象，足見儒家樂教將音樂視爲是「類語言」形式的說法並非空穴來風；且由此可見通過聆聽音樂，適足以使主體的內在精神奮發，引生「即樂起興」的積極模習作用，使音樂藝術與德教內容相互連類。

　　孔、孟、荀有關音樂與修身的論述中，大多以樂之「教」爲主要脈絡，其中的終極關懷都指向培養理想的人物。如《孟子》〈盡心上〉所謂：「仁言不如仁聲之入人深也，善政不如善教之得民也。」孟子將「仁聲」與「仁言」相對，且謂其能夠「入人深」，似乎隱約肯認樂聲是以一種「類語言」的角色存在，故得以輔助道德語言的勤誨不倦，而使得君子進一步成性於樂。儒家樂教從孔子以降乃至荀子，越來越明確地肯定音樂「入人」、「化人」的功能，

〔註 29〕蔣年豐：〈從「興」的精神現象論《春秋》經傳的解釋學基礎〉，頁 100－102。
〔註 30〕羅振玉：《殷墟書契考釋》（臺北：藝文印書館，1969 年），卅二葉。
〔註 31〕郭沫若：《卜辭通纂》（臺北：大通書局，1958 年），頁 376－377。
〔註 32〕蔣年豐：〈從「興」的精神現象論《春秋》經傳的解釋學基礎〉，頁 101。
〔註 33〕《呂氏春秋》，卷五，頁 9。

儘管荀子因主張「人性本惡」而被視為是儒家的歧出者，然正因為他認知人性為惡，故其特別重視後天的學習與教化，認為唯有透過人為教育的方法始能修正偏差的人性，成就「全」、「粹」之人格美。音樂對荀子而言，具有足以感動人心的高度感染力〔註34〕，其於〈樂論〉中屢屢言及：「夫聲樂之入人也深，其化人也速，故先王謹為之文。」又論：「樂者，聖人之所樂也，而可以善民心，其感人深，其移風易俗，故先王導之以禮樂而民和睦。」〔註35〕音樂「感人」、「入人」、「化人」的高度感染能力及其可臻之境，足以成全荀子所謂「德操」之理境，「德操」而後之能定、能應，便是謂為「成人」。〔註36〕荀子對於「成人」的要求與強調，最終關懷亦不離儒家理想人格典範的培養及確立。

因此，樂音隨聖人之創制而傳施於民，其工夫落實雖於潛移默化之中，然音樂之存在於儒家思想中的意義其實是實踐的，而非抽象思辨的藝術審美或聆賞品鑒概念。在儒家樂教理論中，已預設德性主體「即樂起興」是為可能，然「興」的途徑究為何？筆者以為，儒家「即樂起興」之徑亦應類於蔣年豐所言，是由「志意——形氣——軀體」結構所激盪成的「志意感發的意向活動」。〔註37〕蔣氏之說鎖定孟學起論，其說法實際具有一普遍的詮釋效用可資參考；然就「起興」對象而論，詩與樂畢竟不同，因此筆者以為：儒家「即樂起興」的路徑應由「聞聲」始，亦即從耳之所聞的感官作用介入，經過樂音、樂語的傳遞，進一步引致主體內在「志意」之與「樂／語」的「有合」，最終達致「起情」之效。《文心雕龍》〈比興〉認為：「起情，故興體以立。」〔註38〕劉勰此處所指之「情」乃個別主體的情性本源；而儒家樂論中

〔註34〕　《荀子・樂論》：「故人不能不樂，樂則不能無形，形而不為道，則不能無亂。先王惡其亂也，故制雅頌之聲以道之，使其聲足以樂而不流，使其文足以辨而不諰，使其曲直、繁省、廉肉、節奏足以感動人之善心，使夫邪汙之氣無由得接焉。」參《荀子簡釋》，頁 277。

〔註35〕　《荀子簡釋》，頁 280。

〔註36〕　《荀子》〈勸學〉：「是故權利不能傾也，群眾不能移也，天下不能蕩也。生乎由是，死乎由是，夫是之謂德操。德操然後能定，能定然後能應。能定能應，夫是之謂成人。天見其明，地見其光，君子貴其全也。」由此可知，荀子所追求的乃是一「成人」的典型，不離儒家思想體系的認知範疇。參《荀子簡釋》，頁 13。

〔註37〕　蔣年豐：〈孟學思想「興的精神現象學」之下的解釋學側面〉，頁 203－224。

〔註38〕　〔梁〕劉勰：《文心雕龍》（臺北：開明書局，1958 年），卷八，頁 1。易中天：《文心雕龍美學思想論稿》（上海：上海文藝出版社，1988 年），頁 123。

所「起情」之內容，則必須是道德形上學中「道德情性」的發動，而非偏執之人情，否則便落入「性善情惡」的認知脈絡中。因此，筆者以爲，儒家「即樂起興」的途徑或可以「聞聲——志意——起情」的結構序列重新進行理解。

「聞聲」，表感官作用中耳之所能聽聞的基礎能力，與蔣氏所謂「軀體」之所能展現相關。不過，一如《禮記》〈樂記〉所強調：「知聲而不知音者，禽獸是也；知音而不知樂者，眾庶是也。唯君子爲能知樂。」〔註39〕又《荀子》〈樂論〉亦言：「君子明樂，乃其德也。」〔註40〕郭沫若《卜辭通纂》〈畋游〉中則直接由「聖」字詮發——「善聽」乃聖人之所以爲「聖」的必要條件之一：

> 古聽、聲、聖乃一字。其字即作耳口，從口耳會意。言口有所言，
> 耳得之而爲聲，其得聲動作則爲聽。聖、聲、聽均後起之字也。聖
> 從耳口壬聲，僅於耳口之初文符以聲符而已。〔註41〕

根據郭沫若所言，「聖」、「聽」、「聲」意義一貫其實來源甚早，此論與儒家對聖人的期待相合。儒家的聖人肩負著制禮作樂的重責，君子則以「明樂」爲其德之具體展現，是故儒家樂論中所謂「聞聲」，非僅是聽聞音樂的單複、高埤、升降，尚包括了隱含於其中的善惡，此即「知樂」之能力，也是洞悉音樂所承載之語意的重要能力。亦是如此，音樂方得以成爲「通乎形上與形下的語文跡象」；〔註42〕而「聞聲」則意味貫立了聽者之德性與仁心，開啓「起興」之徑。

音樂若爲「通乎形上與形下的語文跡象」，則必不可爲僞，且是一種開展眞象的途徑，足以從樂音的型態進一步感發德性主體的內在志意，使主體之性與樂音之德相諧而有合。《禮記》〈樂記〉：

> 樂者，德之華也。金石絲竹，樂之器也。詩言其志也，歌詠其聲也，
> 舞動其容也。三者本於心，然後樂氣從之。是故情深而文明，氣盛

〔註39〕《禮記注疏》，頁665。
〔註40〕《荀子簡釋》，頁282。
〔註41〕《卜辭通纂》，頁489。
〔註42〕蔣年豐論及孟子「仁心詩興」時，認爲「氣」是「通乎形上與形下的語文跡象」，且在「浩氣盎然之下，心與言都有『氣』的跡紋。」筆者認爲在這種途徑中，樂音的傳化與「氣」的流動是相同的，故可窮通於聖與庶人之間，以一種「類語言」的姿態與跡象，表現出儒家樂教的內在精神。因此，蔣氏也承認：「詩的語文性即通向禮樂的體制。」蔣年豐：〈孟學思想「興的精神現象學」之下的解釋學側面〉，頁218－219。

而化神。和順積中而英華發外，唯樂不可以爲僞。〔註43〕

〈樂記〉認爲，「詩」、「歌」、「舞」三者的呈現皆本於心，一如〈詩大序〉之所指，「詩」乃爲「志之所之」，是主體內在志意的動向；「歌」則接續詩之「言」與「嗟歎」的不足，故繼之以「永歌」；「永歌」若不濟，便也情不自禁「手之舞之，足之蹈也」。由此可知，樂音通過金石絲竹等樂器演奏出來，此時之樂音，乃攸關高埤、強弱、升降之調，故在被「耳」之聽聞能力接收之際，仍屬形下之跡「象」；然樂音一旦隨聽聞之能而入於心，則主體志意便介入並主導判斷。如《論語》〈先進〉中記孔子聽聞子路彈瑟之音，而曰：「由之瑟，奚爲於丘之門？」朱熹註引程子「聲之不和」及《孔子家語》「北鄙殺伐」之說，指陳：「蓋其氣質剛勇，而不足於中和，故其發於聲者如此。」〔註44〕瑟聲中隱含有「北鄙殺伐」之氣，抑或臻至中和之境與否，完全仰賴一德性主體之充分判斷，亦由此影響德性主體內在志意之廣度與深度，所以荀子於〈樂論〉中有謂：「故聽其雅頌之聲，而志意得廣焉。」〔註45〕志意廣延之爲可能，緣因於志意感發的「興」的活動，故得「氣盛」而「化神」；而「興」的具體表現，則展現於主體內在「起情」之作用。

上博《詩論》竹簡內容中有謂：「詩無吝志」、「樂無吝情」〔註46〕，據饒宗頤之說，「樂無吝情」即謂樂能「盡人之情」。然儒家非僅寄望樂之能善盡人之常情，此「情」的內容必須包含主體內在道德情性的開啓與奮發。或許我們也可以這樣說：在音樂起興，亦即「聞聲——志意——起情」的過程中，儒家其實有意識的追求一種超越的可能，這種超越境界的實現，就是一種「興的精神現象學」，一如馬浮所謂「如迷忽覺，如夢乎醒，如仆者之起，如病者之蘇」，此「方是興也」。〔註47〕由「聞聲」以謂，儒家樂論便直指一由與生

〔註43〕　《禮記注疏》，頁682。

〔註44〕　〔宋〕朱熹：《四書章句集注》（臺北：大安出版社，1996年），頁173。

〔註45〕　《荀子簡釋》，頁282。

〔註46〕　關於「樂無吝情」，另有「樂無離情」或「樂無隱情」之說，李學勤、何琳儀、王志平、饒宗頤等各有相異持論，本文此處選採饒宗頤之說，主張「樂無吝情」之解爲「樂在盡人之情」。參饒宗頤：〈竹書〈詩序〉小箋〉（見「簡帛研究」網站，2002年2月22日）；李學勤：〈談〈詩論〉「詩亡隱志」章〉，刊載於《新出楚簡與儒學思想國際學術研討會論文集》（北京：清華大學出版社，2002年2月）；王志平：《竹書〈詩論〉箋疏》，刊載於《上博館藏戰國楚竹書研究》（上海：上海書店出版社，2003年）；何琳儀：《滬簡〈詩論〉選釋》（上海：上海書店出版社，2003年）。

〔註47〕　《復性書院講錄》，頁36。

俱來之聽聞能力往「善聽」以「知樂」晉升的路向。一任於感官之「聞」，只能見得音樂形下之高埤、強弱、升降等跡象，故「如迷」、「如夢」、「如仆」、「如病者」；能夠善聽知樂，則意謂能洞見樂音之質。馬浮以為「樂」乃「內聖」之工夫；〔註48〕既然如此，臨之者自然能由此感到志意興發，而「如覺」、「如醒」、如仆之「起」、如病者之「蘇」。然後，「志意」隨之「得廣」，由外向內、由單純氣之活動以至「化神」、由狂狷以見中和，逐漸鼓舞生發。

　　至於「起情」，藉由樂音「起情」是否可能？〈樂記〉詳論曰：

> 夫民有血氣心知之性，而無哀樂喜怒之常，應感起物而動，然後心術形焉。是故志微、噍殺之音作，而民思憂。嘽諧慢易、繁文簡節之音作，而民康樂。粗屬猛起、奮末廣賁之音作，而民剛毅。廉直、勁正、莊誠之音作，而民肅敬。寬裕肉好、順成和動之音作，而民慈愛。流辟邪散、狄成滌濫之音作，而民淫亂。是故先王本之情性，稽之度數，制之禮義。合生氣之和，道五常之行，使之陽而不散，陰而不密，剛氣不怒，柔氣不懾，四暢交於中而發作於外，皆安其位而不相奪也；然後立之學等，廣其節奏，省其文采，以繩德厚。律小大之稱，比終始之序，以象事行。使親疏貴賤、長幼男女之理，皆形見於樂，故曰：「樂觀其深矣。」〔註49〕

百姓無法盡備「善聽」之能，因其閱聽多遣之以血氣之性，故心知往往隨樂起舞，依隨聲之哀樂時而思憂、時而康樂、時而肅敬慈愛、時而淫亂，此即隨樂之形下跡象以起情，由此引生者亦是一般人情。故百姓需聖王以引領之，使百姓從樂音之律明見親疏貴賤、長幼男女之理。聖王制禮作樂的過程中，包含「本之情性」、「稽之度數」、「制之禮義」三個面向，因此聖王非凌駕於情性之上以作樂，而是節人情性，因為除卻人之情性，則再無「移情」的可能，亦即失卻起發民心的路徑，「興」也無有起處。「樂觀其深矣」，《正義》曰：「謂同聽之，莫不和敬，莫不和順，莫不和親。」〔註50〕「和敬」、「和順」、「和親」之所謂，正是「起情」的內容，亦為儒家樂教之「興」的終極趨向。

〔註48〕《復性書院講錄》，頁 103。
〔註49〕《禮記注疏》，頁 679。
〔註50〕同前註，頁 700－701。

四、理想人格與「興象」的建構

　　儒家對於人格美的追求一直不遺餘力，特別是對聖王形象及其事蹟的推崇，〔註51〕當儒家將成德教化的理念寄寓於樂論中，也勢必將儒家整體的思想傾向重現於其中。於是乎，儒家思想中關於音樂的論述，或是儒家諸子對於音樂的看法與評論，往往是儒家思想之終極關懷的進一步發揮與再創造的結果，因此音樂絕不僅只是鐘鼓、節奏等形下之外在儀節，它是必須包含「人（仁）心人（仁）性」的一門成德學問，一如《帛書五行篇》所謂：「樂者，言其流體也，機然忘塞者，德之至也。」〔註52〕「樂」之「流」及其所能引生的「德之至」境，皆影射了音樂是為儒家成德思想中的重要角色，所以我們在閱讀儒家樂論相關文獻時，不難發現儒家很早就試圖在音樂理論中建構出一個「理想人格」的典範形象。若從「興」的立場以觀儒家樂教精神，則此「理想人格」的建構，即是「興象」的規模〔註53〕，在種種理想人格特質的鋪陳展示中，建構出儒家樂論獨具的「興」意面貌。

　　此處之所以言「理想人格」而不直指一聖賢典型，乃是因為儒家有關音樂的論述中，並無以一實際的聖賢人物來進行描寫，或以某一特定的人物作為儒家樂教精神的代表；但相關樂論之字裡行間卻又實際籠括了許多儒家對美好人格的追求與仰慕。筆者以為，若進一步將這些投射於音樂理論中的完美人格特質加以歸納，或可建構出儒家樂論在成德概念下之於理想人格的想望，而音樂特質與人格特性的連貫，不僅是儒家樂論的特色之一，此精神人格乃成為一種特殊的「興象」，儒家樂教理論從此流出，更能展現儒家樂教「即樂起興」的精神規模。

〔註51〕　如《論語》〈泰伯〉：「子曰：『大哉！堯之為君也。巍巍乎！唯天為大，唯堯則之。蕩蕩乎！民無能名焉。巍巍乎！其有成功也。煥乎！其有文章。』」〈八佾〉：「子曰：『周監於二代，郁郁乎文哉！吾從周。』」又《孟子》〈盡心下〉：「浩生不害問曰：『樂正子何人也？』孟子曰：『善人也，信人也。』『何謂善？何謂信？』曰：『可欲之謂善，有諸己之謂信，充實之謂美，充實而有光輝之謂大，大而化之謂聖，聖而不可知之之謂神。樂正子，二之中、四之下也。』」皆對聖王形象或是君子等美好德行、事蹟的稱頌。

〔註52〕　龐樸：《竹帛《五行》篇校注及研究》（臺北：萬卷樓圖書有限公司，2000年），頁51。

〔註53〕　此處所謂之「興象」，是由蔣年豐「興的精神現象學」立論，強調儒家之「樂」所引致主體與音樂間互為主體性的「映照」關係，亦即音樂所疏通的「興」的精神作用，通過「理想人格」之「象」顯露出來，故言「『理想人格』的建構，即是『興象』的規模。」

　　據〈樂記〉之所載，顯示儒家樂論確實肯認樂音之於人格特質間的相對聯繫關係，如：

> 鍾聲鏗，鏗以立號，號以立橫，橫以立武。君子聽鍾聲則思武臣。
> 石聲磬，磬以立辨，辨以致死。君子聽磬聲則思死封疆之臣。絲聲
> 哀，哀以立廉，廉以立志。君子聽琴瑟之聲則思志義之臣。竹聲濫，
> 濫以立會，會以聚眾。君子聽竽、笙、簫、管之聲，則思畜聚之臣。
> 鼓鼙之聲讙，讙以立動，動以進眾。君子聽鼓鼙之聲，則思將帥之
> 臣。君子之聽音，非聽其鏗鎗而已也，彼亦有所合之也。〔註54〕

以不同樂器所奏之樂音爲徑，可以引觸聽者之「思」，通過樂音的流動去勾勒出特定具體形象，而後由此「具體」轉譯出抽象的人格類型意義。聽者之「思」的徵變，正是儒家樂教「即樂起興」的路向；「武臣」、「死封疆之臣」、「志義之臣」、「畜聚之臣」、「將帥之臣」等描述，雖似聚焦於某一類特定人物，然實應廣其類而言，在聽者識樂之情的基礎上，隱隱然已展示了儒家思想於樂論中建構「興象」之可能。

　　關於儒家樂論中「興象」的建構，首先，《論語》〈八佾〉有謂：

> 子語魯大夫樂曰：「樂其可知也。始作，翕如也；從之，純如也，皦
> 如也，繹如也，以成。」〔註55〕

根據朱熹的注解：「翕」，合也；「從」，放也；「純」，和也；「皦」，明也；「繹」，相續不絕也。此是言孔子對魯太師論樂之語，點明音樂剛開始演奏的時候，強調各樂器的相合；待音樂的樂聲揚開以後，注重的是音調的和諧、音節的分明，以及全套音樂的一氣呵成。此文獻表面上看來是講制作音樂的原則，但落實至儒家對「聖人」或「君子」的要求，何嘗不是如此？樂音之收放有序、聲音之斷續有節，一如聖人與君子面對出處及日常行事的有禮不紊，不管是對於樂音或者爲人的要求，皆是強調一種和諧、有序、一以貫之的氣象。關於此點，蔣年豐早有論曰：「在孔子，品鑒人格氣象與音樂境界乃是同一回事。」〔註56〕蔣氏此一說法不僅爲了印證孔子之見，認爲人格氣象與音樂是融而爲一的，也加強說明了儒家音樂特質與理想人格間的相互映照關係。

　　準此，則已可見儒家樂論中所隱涵之理想人格樣式，必然包含和諧、有序與一以貫之的格局。所謂「和諧」，即如湯一介之言：

〔註54〕《禮記注疏》，頁693。
〔註55〕《四書章句集注》，頁90。
〔註56〕蔣年豐：〈品鑒人格氣象的解釋學〉，頁11。

儒家的理想本來是基於個人道德人格的完善以求自我身心內外的和
諧，從這裡出發擴展而有「人與人之間的和諧」，進而有「人與自然
的和諧」、「自然的和諧」，它是以人文主義精神爲價值取向的。〔註57〕

「和」，顯示的是儒家道德主體由內向外所發散的和諧、協調氣質，且不僅僅
是自我之「性」的成全，必是主體依於德而遊於外的生命氣質顯現，在此和
諧的生命情調之下，主體與萬物各得其所，故能有「適得其性」之悠然無拘，
亦方得以呈現主體精神、人與自然、人與人間的至和！「有序」，則順勢依存
於禮樂之道中，入於禮樂，而出乎有序、有諧，一如《周禮》〈春官宗伯〉之
曰：

　　以禮樂合天地之化、百物之產，以事鬼神，以諧萬民，以致百物。

〔註58〕

「有序」以至「和」的昇華，足見儒家寄託於樂論中的理想人格是具有存有
論價值的，其能力足以化合天地鬼神、萬民百物，而以儀節之有序、「我」與
「他者」之和諧爲其外顯之「象」，故自然是「和順積中，英華發外」之貌。
儒家樂論於此已實際讓禮樂的有形體制與抽象的形氣存有上下貫通。

　　至於「一以貫之」，非特僅是《論語》〈里仁〉中曾子所稱孔子的「忠恕
之道」；廣義而言，已可擴及〈里仁〉中君子之所謂「懷德」、「懷刑」、「禮讓」、
「不患莫己知，求爲可知」等格局，甚或是儒家整體的道德傳統，亦即所謂
「集大成」者。因爲孟子曾評論孔子爲聖人之道的「集大成者」，並以「金聲
玉振」稱譽之，其謂：「集大成也者，金聲而玉振之也。金聲也者，始條理也；
玉振之也者，終條理也。」〔註59〕奏樂能夠以鐘發聲，以磬收樂，終始有條
理，一如聖德之終始一貫，《帛書五行篇》中便謂：

　　金聲而玉振之，有德者也。金聲，善也；玉言（玉音）〈玉振〉，聖也。

　　善，人道也；德，天道也。唯有德者然後能金聲而玉振之。〔註60〕

孟子以「金聲玉振」之語來形容孔子之德與善道，其實不僅僅將音樂視爲是
一種譬喻的符號，而是透過對音樂的體會去詮釋感知孔子的生命表現與道德
人格的風範，這當中確實含有蔣年豐所謂「品鑒的解釋學」的存在；不過蔣

〔註57〕湯一介：〈中國哲學中和諧觀念的意義〉，《哲學與文化》，23：2（1996 年 2
　　　　月），頁 1319。
〔註58〕《周禮注疏》，頁 283。
〔註59〕《孟子注疏》，頁 176。
〔註60〕龐樸：《竹帛《五行》篇校注及研究》，頁 43～44。

氏認爲從孟子開始，「品鑒人格氣象便不再與樂教有所關聯」〔註61〕，由此文獻看來，此說法或許仍可有進一步討論商榷的空間。

漢代以後的文獻，仍有許多有關孔子與音樂的紀錄，如《韓詩外傳》、《史記》〈孔子世家〉中載孔子「擊磬于衛」、「取瑟而歌」、「訪樂於萇弘」、「學鼓琴于師襄子」等。筆者隱然察覺到，若從早期樂論如晏嬰、伶州鳩之說法，以至〈樂記〉、《孟子》，乃至漢代文獻中與儒家樂論相關的紀錄進行一初步的歷時考察，則自《論語》起始乃至後期的討論，儒家樂論中賴以起興之「象」越是收攝在孔子的形象與人格精神上，關於孔子奏樂、評樂、品樂之紀錄，或是儒家弟子藉樂以品鑒孔子人格氣象的內容，開始頻繁出現，這是儒家樂論研究相當值得注意的一點，也顯見儒家樂論中的「興象」已有意識在進行聚焦，成爲漢代以後儒家樂論發展的必然走向。

綜合以上所言，已可知儒家樂教中音樂特質與人格特性的連貫，是一總體性地對應。就其內在精神境界所涵納的內容而言，乃是一具備和諧、秩序與一以貫之的人格特質，而外顯爲「和順積中，英華發外」的人物氣象。和諧、秩序的要求，是禮樂合德與樂之美善相濟的結果；所謂「一以貫之」，又即是儒家理想人格之「集大成」者，而戰國乃至漢代以後的儒家論樂內容，已隱隱然將此「集大成」的角色聚焦於孔子的形象上。不管此人格形象確否爲孔子，皆已顯示儒家樂論內容試圖在音樂與人格特質的聯繫關係中，建構出一特定的理想人格，這種典型人格乃是即於樂而落在道德修養的脈絡中，且這樣的人物形象不僅僅是爲了品鑒而存在，其實際具有一存有論的高度，而飽滿地成爲一種特殊的興象，使聽樂者之「即樂起興」成爲可能；而伴隨聽樂者之「興」而來的自我道德要求，與樂之「興象」的典型間又適爲一種互爲主體性的「映照」關係，成爲儒家「興的精神現象」之一脈。

五、餘論

本文由儒家「樂」／「語」的關係重新進行反省，主張儒家所謂之「樂」，正是以一種「類語言」之姿成爲闡釋儒家德性論的根據，讓音樂的角色與能力有了長足的突破。孔子亦已將音樂視之爲訊息傳遞的管道之一，且專爲傳遞德禮精神而存在。因此從事儒家樂教相關討論時，應留意區別「樂論」／

〔註61〕 蔣年豐：〈品鑒人格氣象的解釋學〉，頁11。

「音樂」／「道德」等角色的相互關係，才能在立體性的視域中，洞見「即樂起興」的趨向與整體脈絡。

　　此外，本文由夔之「典樂」的意義中發現：儒家樂教意在通過「樂」／「語」的相互關係引生一種由「樂感」而「化成」的活動，使德性主體與音樂二者能夠融合貫立，進而使德性主體能夠「成於樂」，展現儒家樂教的特殊意義。此自成體系的動態歷程，即由音樂所引生的「興」的活動；而樂音乃成為一種特殊的「通乎形上與形下的語文跡象」，經由「興」的作用被理解、被接受。

　　由「興」的立場以觀儒家樂教精神，則此「理想人格」的建構，即是「興象」的規模，在種種理想人格特質的鋪陳展示中，建構出儒家樂論獨具的「興」意面貌。儒家樂論內在所隱涵的「興」的情境作用，有意識地涵融種種樂德而成一隱性卻具體的理想精神人格，並以此精神人格作為一種特殊的「興象」，展示了儒家樂教理論與理想人格間的相互「映照關係」，且此理想人格實際具有一存有論的高度，與蔣年豐所謂「品鑒人格氣象的解釋學」兩相契應。

　　通過儒家樂教中「樂」／「語」關係的重新反省，我們可以發現音樂所欲照應的，不僅是道德主體聆聽樂音時內在情感的自然流露，同時也是貫通形上與形下，主體與天地萬物上下同流、各得其所之妙的一場展演。這種既廣闊而又深邃，可以讓心靈自由徜徉其中的完整、獨特的精神世界，方是儒家樂教的重要精神。秦漢以後論「樂」，表面上雖仍以先秦儒家樂教精神為宗，然樂論與音樂內容的走向開始產生歧異，如董仲舒與劉向論樂的相關論述中，皆主張音樂有教化百姓的功能，且認同專聽有「德」的「雅音」，比較容易收到改變民間風俗的顯著效果。〔註 62〕如此之論樂主張與先秦儒家樂教精神相去不遠；可是為了因應在上位者的需求，漢代以後的雅樂內容開始產生質變，楊蔭瀏即謂：「（漢）從創作來源而言，雅樂是出於取媚統治者的官僚之手；以內容而言，無非是對當代統治者的歌功頌德；從目的而言，是要鞏固政治，強調皇帝的尊嚴。」〔註 63〕漢代以後，雅樂在內容與創作目的上皆開始產生質變，可是這樣的變化由論樂相關文獻中還是無法窺見全面，唯有清楚地將「樂論」／「音樂」／「道德」等角色條暢分立，方可立體呈顯漢代以降「樂論」與「音樂」／「道德」間的落差錯位。這是一個值得進一步

〔註62〕　楊蔭瀏：《中國古代音樂史稿》（臺北：大鴻圖書有限公司，1997 年），頁 138。
〔註63〕　同前註，頁 127－128。

細緻演繹的研究論題，相關問題的釐清，無疑可以推擴出一重新理解漢代以降儒家樂論的詮釋向度，唯因篇幅所限，本文力有未逮，盼留於他文再論。

引用書目（Bibliography）

一、傳統文獻（Classic bibliography）

1. 〔漢〕鄭玄注，〔唐〕賈公彥疏：《周禮注疏》，臺北：藝文印書館，2001年。（Zheng Xuan〔Han〕，Jia Gong Yan〔Tang〕.Zhou rite，Yee Wen Publishing Company：Taipei 2001）

2. 〔漢〕鄭玄著，〔唐〕孔穎達正義：《禮記注疏》，臺北：藝文印書館，2001年。（Zheng Xuan〔Han〕，Jia Gong Yan〔Tang〕. Li Ji，Yee Wen Publishing Company：Taipei 2001.）

3. 〔漢〕司馬遷：《史記》，北京：中華書局，1997年。（Sima Qian〔Han〕. Shih chi，zhonghua book：Beijing 1997.）

4. 〔漢〕呂不韋：《呂氏春秋》，臺北：臺灣中華書局，1981年。（Lv Buwei〔Han〕. Lushih Chunchiu，zhonghua book：Taipei 1981.）

5. 〔漢〕許慎，〔清〕段玉裁注：《説文解字注》，臺北：黎明文化事業公司，1974年。（Xu Shen〔Han〕，Duan Yucai〔qing〕. Notes of Shuo Wen Jie Zi，Li Ming Cultural Enterprise Co.，Ltd：Taipei 1974.）

6. 〔漢〕孔安國傳：《尚書正義》，臺北：藝文印書館，2001年。（Hole Anguo〔Han〕. Shangshu justice，Yee Wen Publishing Company：Taipei 2001.）

7. 〔晉〕杜預注，〔唐〕孔穎達疏：《春秋左傳正義》，臺北：藝文印書館，2001年。（Du Yu〔Jin〕，Kong Yingda〔Tang〕. Chun Qiu Zuo Zhuan Zheng Yi，Yee Wen Publishing Company：Taipei 2001.）

8. 〔梁〕劉勰：《文心雕龍》，臺北：開明書局，1958年。（Liu Xie〔Liang〕. Literary Criticism and Aesthetics on the Literary Mind and the Carving of Dragons，Kaiming book：Taipei 1958.）

9. 〔南朝〕沈約：《宋書》，北京：中華書局，1997年。（Shen Yue〔Nachao〕. Songshu，Zhonghua book：Beijing 1997.）

10. 〔宋〕朱熹：《四書章句集注》，臺北：大安出版社，1996年。（Zhu Xi〔Song〕. The Four Books Selected Sentences，Daan book：Taipei 1996.）

11. 〔清〕馬浮：《復性書院講錄》，臺北：廣文書局，1971年。（Ma Fu〔Qing〕. Fu Xing Shu Yuan Jiang Lu，Guang Wen book：Taipei 1971.）

12. 〔清〕章學誠：《文史通義》，臺北：臺灣中華書局，1981年。（Zhang Xuecheng〔Qing〕. Wen-Shih Tung I，Zhonghua book：Taipei 1981.）

二、近人論著（The modern works）

1. 卜鍵：〈歌舞小戲的文學記述──《詩經》中的社歌與新樂〉，載於國立臺灣大學音樂研究所編：《兩岸小戲學術研討會論文集》，宜蘭：國立傳統藝術中心出版，2001 年。（Bo Jian.” Literature Notes on Small Musical Theatre-Song and Music in Books of Songs” in Collection of Papers for Cross-Strait Conference of Small Theatre，National Center for Traditional Art：Yilan 2001.）

2. 王志平：《竹書〈詩論〉箋疏》，載於《上博館藏戰國楚竹書研究》，上海：上海書店出版社，2003 年。（Wang Zhiping. ”Supplementary Notes for On Poetry Bamboo Script” in Research on Chu Bamboo Slips at Shanghai Museum，Shanghai Bookstore Publishing House：Shanghai 2003.）

3. 朱淵清：〈六詩考〉，載於中國詩經學會編：《第三屆詩經國際學術研討會論文集》，香港：天馬圖書有限公司，1998 年。（Zhu Yuanqing. ”Textural Research on Six Poetic Genres in Books of Songs” in The Third International Symposium for the Study of Books of Songs，Pegasus Books Ltd：Hong Kong 1998.）

4. 何琳儀：《滬簡〈詩論〉選釋》，上海：上海書店出版社，2003 年。（He Linyi. Interpretations on Selected Bamboo Slips in On Poetry from Shanghai Collection，Shanghai Bookstore Publishing House：Shanghai 2003.）

5. 呂大吉主編：《宗教學通論》，臺北：博遠出版有限公司，1993 年。（Lu Daji ed. An Introduction to Religion Studies，Boyuan SpaceCultural Development Co，.Ltd：Taipei 1993.）

6. 李學勤：〈談〈詩論〉「詩亡隱志」章〉，刊載於《新出楚簡與儒學思想國際學術研討會論文集》，北京：清華大學出版社，2002 年。（Li Xueqin. ”On ‘Missing of Songs and Hidden Ambition’ in Books of Songs” in Collection of Papers for International Symposium for Newly Excavated Bamboo Scripts and Confucian Philosophy，Tsinghua University Press：Beijing 2002.）

7. 李正治：〈興義轉向的關鍵──鍾嶸對「興」的新解〉，《中外文學》12：7 期（1991 年 12 月）。Li Cheng-chih. ”The Key to the Conversion of Xing--Zhong Rong’s New Interpretation of Xing” in Chung-Wai Literary Monthly 12，issue7，December 1991.）

8. 易中天：《文心雕龍美學思想論稿》，上海：上海文藝出版社，1988 年。（Yi Zhongtian. Literary Criticism and Aesthetics on the Literary Mind and the Carving of Dragons，Shanghai Literature & Arts Publishing House：Shanghai 1988.）

9. 郭沫若：《卜辭通纂》，臺北：大通書局，1958 年。（Guo Moruo. Interpretations to Inscriptions on Tortoise Shells，Da Tong Book：Taipei 1958.

10. 陳昭瑛：〈知音、知樂與知政：儒家音樂美學中的「體知」概念〉，載於《臺灣東亞文明研究學刊》，3：2（2006 年 12 月）。（Chih-yin Chih .” Chih-yüeh and Chih- cheng：The Concept of Ti-chih in Confucian Aesthetics of Music” in Taiwan Journal of East Asian Studies 3，issue2，December 2006.）

11. 曾守正：〈孔孟說詩活動中的言志思想〉，《鵝湖月刊》25：6（1999 年 12 月）。（Tseng Shou-cheng. ”The Notion of Intent in Confucius' and Menclus' Interpretations of Poetry” in Legein Monthly 25，issue6，December 1999.）

12. 湯一介：〈中國哲學中和諧觀念的意義〉，《哲學與文化》，23：2（1996 年 2 月）。（Tang Yijie. ”The Meaning of Harmony in Chinese Philosophy” in Philosophy and Culture 23，issue2，February 1996.）

13. 楊朝明：〈《周禮》「六詩」與周代的詩樂教化〉，《出土文獻與儒家學術研究》，臺北：五南圖書公司，2007 年。（Yang Chaoming. ”Six Poetic Genres in Rites of Zhou and the Cultivation of Music and Poetry in Zhou Dynasty” in Excavated Literature and Confucian Philosophy，Wu-Nan Book：Taipei 2007.）

14. 楊蔭瀏：《中國古代音樂史稿》，臺北：大鴻圖書有限公司，1997 年。（Yang Yinliu. Scripts for Ancient Chinese Music，Dai Hung Books Ltd：Taipei 1997.）

15. 廖蔚卿：《六朝文論》，臺北：聯經出版事業公司，1985 年。（Liao Weiqing. On the Literature of the Six Dynasties，Linkingbooks：Taipei 1985.）

16. 蔣年豐：〈品鑒人格氣象的解釋學〉，《文本與實踐（一）：儒家思想的當代詮釋》，臺北：桂冠圖書公司，2000 年。（Jiang Nianfeng. ”Hermeneutics for Character Evaluation” in Text and Practice （1）：Modern Interpretations for Confucian Philosophy，Laurel Books Ltd：Taipei 2000.）

17. 蔣年豐：〈從「興」的精神現象論《春秋》經傳的解釋學基礎〉，《文本與實踐（一）：儒家思想的當代詮釋》，臺北：桂冠圖書公司，2000 年。（Jiang Nianfeng. ”Hermeneutics Basics for Spring and Autumn Annals from the Spiritual Phenomena of Xing” in Text and Practice （1）：Modern Interpretations for Confucian Philosophy，Laurel Books Ltd：Taipei 2000.）

18. 蔡仲德：《中國音樂美學史》，臺北：藍燈文化出版，1993 年。（Cai Zhongde. Aesthetics History of Chinese Music，Blue lamp Books Ltd：Taipei 1993.）

19. 顏崑陽：〈從「言位意差」論先秦至六朝「興」義的演變〉，《清華學報》28：2 期（1998 年 6 月）。（Yan Kunyang. “In Search of the Meanings of Hsing from the Pre-Chin Era to Six Dynasties：Reading Diachronic Discourse from its Distinct Perspective” in Tsing Hua Journal of Chinese Studies 28，issue 2，June 1998.）

20. 龐樸：《竹帛《五行》篇校注及研究》，臺北：萬卷樓圖書有限公司，2000年。（Pang Po. Notes and Studies of Bamboo Slip and Silk Manuscript Wu Xing，Wanjuan Books Ltd：Taipei 2000.）

21. 羅振玉：《殷墟書契考釋》，臺北：藝文印書館，1969年。（Luo Zhenyu. Textual Research and Explanations of Scripts Excavated From the Yin Dynasty Ruins，Yee Wen Publishing Company：Taipei 1969.）

22. 羅立乾：《鍾嶸詩歌美學》，臺北：東大圖書公司，1990年。（Luo Liqian. Aesthetics in Zhong Rong's Poetry，The Grand East Book：Taipei 1990.）

23. 蘇新春：〈元語言研究的三種理解及釋義型元語言研究評述〉，《江西師範大學學報》6期（2003年）。（Su Xinchun ." Notes on Three Understandings of Metalanguage and Defining Metalanguage Studies" in Journal of Jiangxi Normal University 6，2003.）

24. 蘇新春：《漢語釋義元語言研究》，上海：上海教育出版社，2005年。（Su Xinchun. Research on Mandarin Defining Metalanguage，ShanghaiJiaoyu Press：Shanghai 2005.）

25. 哈特曼（R. R. K. Hartmann）、斯托克（F. C. Stork）著：《語言與語言學詞典》，上海：上海辭書出版社，1981年。R. R. K. Hartmann，F. C. Stork. Glossary of Language and Linguistic Terms，Shanghai Lexicographical Publishing House：Shanghai 1981.）

26. 黑格爾著、朱光潛譯：《美學》第1冊，臺北：里仁書局，1981年。（Georg Wilhelm Friedrich Hegel，Guangqian Zhu. Aesthetics Ⅰ in Lernbook：Taipei 1981.）